高等院校公共基础课系列教材

大学生
心理健康教育

（第2版）（微课版）

刘 梅 杜 卉 主 编
何 露 舒 雁 杨慧敏 副主编

清华大学出版社
北 京

内 容 简 介

本书系统地介绍了当代大学生心理健康的现状、容易出现的心理问题及其应对策略，涵盖大学生心理与心理健康、大学生活的适应、大学生学习心理及学习能力的提升、大学生交往技巧的训练、大学生恋爱与性心理的特点、大学生情绪管理能力的提升、大学生心理压力管理及危机干预策略、大学生生涯发展与规划、大学生人格完善与幸福感的提升等内容。本书以通俗易懂的语言和经典的案例，将深奥晦涩的心理学知识呈现出来，使读者能在阅读案例的过程中，获得心理健康水平的提升。本书不仅适合大学生使用，也适合其他有需求的人群阅读。

本书配套的电子课件、教案和习题答案可以到http://www.tupwk.com.cn/downpage网站下载，也可以扫描前言中的二维码获取。扫描前言中的视频二维码可以直接观看教学视频。

本书封面贴有清华大学出版社防伪标签，无标签者不得销售。

版权所有，侵权必究。举报：010-62782989，beiqinquan@tup.tsinghua.edu.cn。

图书在版编目(CIP)数据

大学生心理健康教育：微课版 / 刘梅，杜卉主编. —2 版. —北京：清华大学出版社，2024.4
高等院校公共基础课系列教材
ISBN 978-7-302-65722-4

Ⅰ.①大… Ⅱ.①刘… ②杜… Ⅲ.①大学生—心理健康—健康教育—教材 Ⅳ.① G444

中国国家版本馆 CIP 数据核字 (2024) 第 051336 号

责任编辑：胡辰浩
封面设计：周晓亮
版式设计：孔祥峰
责任校对：成凤进
责任印制：沈　露

出版发行：清华大学出版社
网　　址：https://www.tup.com.cn, https://www.wqxuetang.com
地　　址：北京清华大学学研大厦 A 座　　邮　编：100084
社 总 机：010-83470000　　邮　购：010-62786544
投稿与读者服务：010-62776969, c-service@tup.tsinghua.edu.cn
质 量 反 馈：010-62772015, zhiliang@tup.tsinghua.edu.cn

印 装 者：三河市铭诚印务有限公司
经　　销：全国新华书店
开　　本：185mm×260mm　　印　张：12　　字　数：247 千字
版　　次：2013 年 9 月第 1 版　　2024 年 4 月第 2 版　　印　次：2024 年 4 月第 1 次印刷
定　　价：59.00 元

产品编号：102328-01

PREFACE 前言

随着社会的飞速发展，信息化程度逐渐提高，社会对人才水平的要求也不断提高。在巨大的精神冲击和沉重的心理负荷下，自我调整能力和自我解压能力对人们来说越来越重要。

大学生经过紧张的高考进入大学校园，面对陌生的环境、新的学习氛围、略显复杂的人际关系以及激烈的社会竞争，会表现出更多的困惑和迷茫。这些让我们意识到，加强大学生心理健康教育，增加大学生抗挫折能力十分重要。那么，帮助新时代大学生正确解决学习生活中的困惑，发展良好的人际关系，树立正确的婚恋观，科学地提高学习效率，培养健康的心理品质、健全的人格，提升幸福感，则成为我们心理学工作者的当务之急。

本书的写作目的，就是让大学生更加了解心理健康知识，提高他们解决心理问题和预防心理疾病的能力；同时也为家长和教师提供一个认识大学生心理特点的机会，让他们及时、有效地做到因材施教、因材管理和因材开发。

本书主要围绕大学生在大学生涯中经常遇到的各种心理问题和实际问题，运用心理学的理论和知识加以深入讲解，帮助大学生提高自身的心理承受力，使他们真正成为符合社会要求且身心健康的人才。

作为第2版，本书在第1版教材的基础上，有了很大的突破。本书除保持原版教材中的"案例链接""心理测试"等栏目，添加了"心理知识之窗""心理自助训练"等新栏目，特别是"心理自助训练"栏目的增加，能使大学生通过模拟生活中的实际场景，将理论知识付诸实践，提高自己解决心理问题的能力。

本书由刘梅教授、杜卉副教授任主编，何露、舒雁、杨慧敏任副主编。全书共计九章，由刘梅教授总体策划。各章编写人员及分工如下：第一、第二章由何露、刘梅编写；第三、第四、第五章由杜卉编写；第六、第七章由舒雁、刘梅编写；第八、第九章由杨慧敏、刘梅编写。其中，杜卉、何露、舒雁、杨慧敏等在课件制作、资料收集等方面做了大量的技术性工作。全书最后由刘梅教授统稿。

编者在编写本书的过程中参考了相关文献，在此向这些文献的作者深表感谢。由于编者水平有限，书中难免有错误与不足之处，恳请专家和广大读者批评指正。我们的电话是010-62796045，邮箱是992116@qq.com。

本书配套的电子课件、教案和习题答案可以到http://www.tupwk.com.cn/downpage网站下载，也可以扫描下方左侧的二维码获取。扫描下方右侧的视频二维码可以直接观看教学视频。

配套资源

教学视频

编者

2023年11月

CONTENTS 目 录

第一章 擦亮心灵的天空——心理与心理健康 ··· 1
　第一节　了解心理科学——认识"我"的世界 ··· 1
　　　　一、心理学的基础内容——"我"的ABC ··· 1
　　　　二、心理科学的主要研究领域——"我"的兴趣 ····································· 6
　第二节　校园生活与心理健康——象牙塔里的"我" ····································· 7
　　　　一、大学生心理健康的标准——"我"的诊断 ······································· 7
　　　　二、心理健康对大学生的意义 ·· 9
　　　　三、怎么解释心理与行为的异常表现——"我"的疑问 ························· 11
　第三节　告别阴霾，阳光与"我"同行——预防心理问题，保持心理健康 ············ 14
　　　　一、"我"的特别时期——大学生的心理特点 ······································· 14
　　　　二、"我"的迷乱——校园生活中的心理困惑 ······································· 16

第二章 规划你的大学生活——大学生活适应与发展中的心理调适 ·················· 19
　第一节　把握生命的主旋律——适应新的学习环境 ··· 20
　　　　一、大学的学习环境与中学的学习环境的不同之处 ································· 20
　　　　二、学海荡舟多波浪——学习环境适应不良的表现 ································ 22
　　　　三、展现大学生本色——适应大学学习环境的成功法则 ························· 23
　　　　四、做学海中的弄潮儿——大学生学习环境的管理策略 ·························· 23
　第二节　踏上青春的节拍——有效管理时间 ··· 25
　　　　一、走出时间管理的误区 ·· 25
　　　　二、让生命长河绽放光彩——时间管理的成功法则 ································ 27
　　　　三、让时间增值的奥秘——时间管理的技巧 ··· 27
　第三节　大学生涯规划的途径与方法 ·· 30
　　　　一、生涯规划的内涵与意义 ··· 30
　　　　二、生涯规划的目标与方法 ··· 31

第三章 让学习更轻松——聪明的学习者 35

第一节 大学生的学习心理及其特点 36
一、大学生学习活动的基本特点 36
二、大学生学习态度及其特点 38
三、大学生考试心理的一般特点 39

第二节 让学习轻松而持久——学习动机的激发 40
一、学习动机的含义 42
二、当代大学生学习动机的特点 43
三、激发大学生的学习动机 43

第三节 提高学习效率——科学用脑 46
一、提高学习效率的根本——科学用脑 46
二、提高学习效率的关键——学会科学用脑 47

第四节 大学生常见的学习障碍及调适 50
一、学习障碍对大学生的影响 50
二、大学生学习障碍及其调适 50

第四章 提升你的人际沟通能力——学会交往 55

第一节 人际关系概述 56
一、人际交往与人际关系 56
二、人际关系的一般类型 57
三、人际交往的理论 57
四、人际关系的功能与作用 60

第二节 大学生人际交往的特点及影响因素 61
一、大学生人际交往的特点 61
二、影响大学生人际交往的一般因素 63

第三节 大学生人际交往原则及技巧 64
一、大学生人际交往的基本原则 64
二、大学生人际交往的方法与技巧 65

第四节 大学生人际交往障碍及调适 68
一、大学生人际交往的障碍及原因分析 68
二、大学生人际交往的调适 70
三、克服嫉妒心理 72

第五章　把握你的爱情航线——恋爱中性与爱的心理调适 ··· 77

第一节　大学生性心理的发展和性心理的特点 ··· 78
一、性与性心理 ··· 78
二、大学生性心理发展过程 ·· 78
三、大学生性心理发展的特点 ·· 79

第二节　大学生性心理问题及调适 ·· 80
一、大学生性心理困惑 ··· 80
二、大学生性心理健康的调适与维护 ·· 82

第三节　大学生恋爱心理发展的规律特点和常见问题 ·· 85
一、爱情的心理学视角 ··· 85
二、大学生的恋爱心理 ··· 88
三、大学生恋爱过程中常见的心理困惑及调适 ··· 90

第四节　培养健康的恋爱观和择偶观 ·· 92
一、树立正确的恋爱观 ··· 92
二、增加爱的吸引力 ··· 95
三、培养爱的能力 ··· 96

第六章　管理好你的情绪——大学生情绪的自我心理调适 ··· 99

第一节　大学生的情绪发展特点及其影响 ··· 100
一、情绪及其产生 ··· 100
二、大学生情绪特点及其影响作用 ·· 101

第二节　培养积极乐观的情绪 ·· 104
一、改变认知，发现快乐 ··· 104
二、积极暗示，选择快乐 ··· 105
三、忙碌有为，体验快乐 ··· 105
四、培养兴趣，增添快乐 ··· 106
五、关爱他人，分享快乐 ··· 107

第三节　大学生不良情绪的表现及调适 ··· 108
一、抑郁情绪的表现及调适 ··· 108
二、焦虑情绪的表现及调适 ··· 112
三、愤怒情绪的表现及调适 ··· 114

第七章 锤炼你的抗逆力——应对压力与挫折的心理调适 ... 119

第一节 压力与挫折概述 ... 120
一、压力及其产生 ... 120
二、挫折及其产生 ... 121
三、压力与挫折对人生发展的意义 ... 122

第二节 大学生的压力与挫折分析 ... 123
一、大学生常见的压力源 ... 124
二、大学生挫折产生的原因 ... 125
三、大学生面对压力和挫折的反应 ... 126

第三节 大学生积极应对压力和挫折的策略与方法 ... 129
一、塑造健康积极的心理基础 ... 130
二、正确认识压力与挫折 ... 131
三、积极应对压力与挫折 ... 132
四、用坚强意志，战胜压力与挫折 ... 135

第八章 珍爱你的生命——大学生心理危机的自我调适 ... 139

第一节 生命和生命教育 ... 139
一、生命的含义 ... 139
二、生命教育的含义 ... 141

第二节 大学生心理危机 ... 144
一、心理危机的含义 ... 144
二、心理危机的特点 ... 145
三、大学生心理危机的表现 ... 146
四、大学生心理危机的种类 ... 147
五、大学生心理危机产生的原因 ... 148

第三节 大学生心理危机预防及干预 ... 149
一、大学生心理危机干预对象与干预原则 ... 149
二、大学生心理危机的自我调适及危机干预 ... 150
三、大学生自杀及干预 ... 153

第九章　塑造你的人格魅力——提升你的幸福感 159

第一节　人格概述及大学生人格特点 159
一、人格及其形成因素 159
二、人格的心理特征 160
三、大学生的人格特点 163

第二节　大学生人格完善的途径及调适方法 164
一、塑造人格魅力 164
二、大学生常见人格缺陷及调适 166
三、塑造健康人格的途径 170

第三节　幸福及大学生幸福感的提升 171
一、幸福的含义 171
二、当代大学生幸福感现状 173
三、大学生提升幸福之道 174

参考文献 179

第一章 擦亮心灵的天空
——心理与心理健康

• 本章提要 •

本章主要是使学生了解心理健康知识、大学生心理健康标准，树立正确的心理健康观念，能够自主地调整心理状态，维护自身的心理健康。

> 世界上最宽广的是大海，
> 比大海更宽广的是天空，
> 比天空更宽广的是人的胸怀。
>
> ——【法】雨果
>
> 良好的健康状况和由之而来的愉快情绪是幸福的最好资本。
>
> ——【英】斯宾塞

第一节 了解心理科学——认识"我"的世界

一、心理学的基础内容——"我"的ABC

在心理学家看来，人的心理现象纷繁复杂。人眼可以看见五光十色的景象与千奇百怪的造型，人耳可以听见韵律和谐的音乐与嘈杂错乱的噪声，人脑可以贮存分门别类的知识与时过境迁的往事；人有堪称"万物之灵"的智慧，能运用自己的思维和言语去探究和揭示自然与社会的无穷奥秘；人还有七情六欲，会从事多种多样的活动，做出不同程度的意志努力，去满足各种各样的需求……毫不夸张地说，人类生存和复杂的一切领域都与心理现象的存在和变化密不可分。尽管目前尚未形成一个公认的分类体系，但是绝大多数心理学家所研究的心理现象主要集中于认知，情绪、意志与动机，能力与人格三大范畴。

(一) 认知

认知是人的最基本的心理过程，包括感知觉、注意、记忆、思维和语言。人脑获得知识与运用知识的过程在一定程度上可以类比为电脑接收、存储、加工处理信息的过程。大致来说，通过注意和感知觉，人脑获得初步的信息；记忆系统提供信息的存储功能，根据信息存储的时间长短，可以分成瞬时记忆(不超过1秒)、短时记忆(1分钟左右)和长时记忆(1分钟以上，甚至是一辈子)；想象与思维过程则是对信息的加工和处理。语言是人特有的提供交流使用的符号系统，它是信息的载体。电脑与人脑的信息处理过程有一个根本不同，就在于人对于信息的态度与方式是主动的，从信息的选择到信息的处理都是一个主动的过程，而电脑则是被动的。正是由于认知的主动性，才使得人的心灵之花呈现出最绚烂的色彩。以下例子说明了人的经验和主动性是如何导致有趣的认知现象的。

心理知识之窗1-1 是野牛还是昆虫？

——经验对知觉恒常性的作用

人类学家特恩布鲁在20世纪50年代末60年代初进入扎伊尔(现在的刚果)研究生活在原始森林中的俾格米人的生活和文化。一次他外出考察，要穿越森林从俾格米部落到另一个部落去。一名叫作肯格的俾格米小伙子是他的随行向导。肯格一生从未走出过森林，从未看到过远处的风景，当他走出森林，在平原上放眼望去，看到一群野牛正在几英里外吃草，要知道相隔那么远的距离，野牛投射到肯格视网膜上的影像是很小的。这时，肯格问特恩布鲁："它们是什么昆虫？"特恩布鲁回答"那是野牛"，肯格笑了起来，认为特恩布鲁在和他开玩笑，并再次询问那是什么昆虫。肯格感觉这个同伴实在不够聪明，他试图把野牛比成他熟悉的各种昆虫和蚂蚁。后来，当特恩布鲁和肯格一起接近吃草的野牛，肯格仍不明白为什么刚才看到的野牛那么小，甚至怀疑它们是在这段时间渐渐长大的，或者这其中是不是有人在耍花样。

心理知识之窗1-2 目击证人证词的可信度有多大？

——记忆过程中的重构

记忆的准确性一般情况下不会严重影响人的生活，但是当你作为目击证人出庭时，你的记忆是否准确对案件的审判可能起着关键的作用。传统的记忆力理论不太关注记忆内容的准确性问题，但是以罗夫斯特为代表的研究者却非常关注记忆的准确性问题，并提出记忆的过程包含了对信息的重构。个体回忆出来的内容不再是原先感知的信息而是重新组织后的信息。她做了一系列实验证明了记忆过程中存在着重构。研究者让被试看一段与一辆白色赛车有关的交通事故的短片，录像的内容围绕着这一事故展开，而后要求他们回答与录像有关的10个问题。

两组被试的问卷中包含的一个问题是"白色赛车在乡间道路上行驶，它经过谷仓时速度有多快？"一个星期后，请两组被试回答相同的10道与这个事件有关的新问题。其中一个问题"你是否看见了一个谷仓？"用来检验研究假设。结果A组中有17.3%的人回答"是"，B组中只有2.7%的人回答"是"。两组差异在统计上达到了显著性水平。尽管一般人都认为目击证人是在再现他们的所见所闻，但是罗夫斯特等人认为，目击证人记住的是"建立在改变了的记忆表征基础上的再生印象"。

(资料来源：【美】Roger R. Hock. 改变心理学的40项研究[M]. 白学军，译. 北京：中国轻工业出版社，2004：50-52，157-158.)

(二) 情绪、意志与动机

人非草木，孰能无情？人的心灵天空也会变幻出多样的"气象"，有时兴高采烈，有时伤心落泪；有时心平气和，有时激动万分；有时幸福无比，有时悲痛欲绝，等等。个体所产生的这些体验就是情绪，它是一个人心理状态最直接的"晴雨表"。一般来说，情绪的起伏与变化是有原因的，是建立在对事物认知的基础上的。譬如，学业进步、事业成功、爱情美满与友情如意使人感到喜悦、兴奋；而学业退步、事业失意、爱情受挫与友情丧失则使人感到消沉、痛苦。情绪的发生通常伴随着外部行为的变化和生理的反应：高兴时手舞足蹈、前仰后合，声调高昂、语速急促；恐惧或暴怒时会出现心跳加快、血压升高、呼吸急促等生理反应。

在与客观世界打交道的过程中，人不仅在认识周围事物的同时，也体验到积极或消极的情绪，而且可以通过自觉的活动有目的、有计划地改造世界。心理学把这种自觉地确立一定目的，并有意识地支配和调节行为，不断克服困难，以达到约定目的的心理过程称为意志。有的人遇到一点障碍便止步不前，而有的人即使在前进道路上遇到艰难险阻仍锲而不舍，这便是个人意志差异的体现。人在确立与达到目标的进程中，要克服的困难种类和程度往往不同，因而意志活动的表现也不一样。例如，睡意袭来时要完成必须做的功课，为减肥克制摄取美味的生理需求，填写高考志愿时为考甲校还是乙校而举棋不定，为自己热衷的事业而艰苦奋斗、勤俭节约等，这些行为当中都有意志的参与。

人的活动不但会受到情绪与意志的影响，而且总离不开动机的作用。动机是激发和维持个体进行活动并使该活动朝向某一目标的内部动力。例如，一个人希望成为心理学家，为国家的心理事业做出贡献，这种内部动力就会成为推动他在心理学领域进行学习与感知的动机；一个人希望受到群体的认可，并在群体中享有一定的地位，这种内部动力就会成为推动他处理好人际关系的动机。即便是步行、休息、关门、睡觉这些简单活动也都是在一定的动机引导下进行的。

动机产生的基础是人类的各种需要，即个体在生理和心理上的某种缺失或不平衡的状态。人的需要，按产生分类可以分为个体需要和社会需要；按性质分类可以分为物质需要和精神需要。个体需要有进食、喝水、睡眠或性需要等；社会需要有从事劳动、人际交往、得到赞扬、取得成就等。人的物质需要有衣着、住房、交通、工作等；精神需要有获得知识、体验美感等。各种需要引发人们形成不同的动机，进而影响个体的态度和行为。人本主义心理学家马斯洛(Maslow)认为，人的需要共有五个层次(如图1-1所示)，从低到高依次为：生理需要、安全需要、归属和爱的需要、尊重的需要、自我实现的需要。其中，前三个层次称为缺失性需要，只要得到满足，需要就会降低；后两种称为成长性需要，永远不会得到满足，得到的越多反而产生的需要越多。

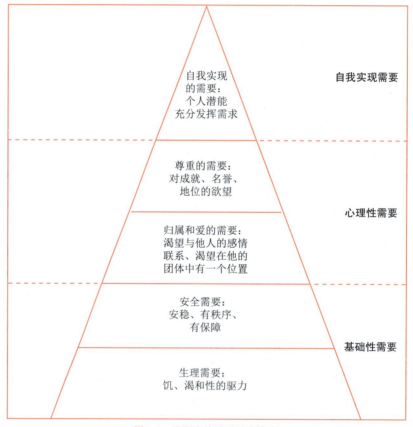

图1-1　马斯洛的需要层次模式

(三) 能力与人格

俗话说"人心不同，各如其面"，讲的就是人与人心理上的差异性。这种差异性反映的是个体独有的心理特征。人的心理特征有些是暂时、偶然出现的，有些是稳固、经常出现的。稳固而经常出现的心理特征，又称个性心理特征。例如，有的人平时性情温和，但是偶尔也会发发脾气；而有的人平时只要遇到一点不如意就会大发雷霆。因此，温和更符合前者的心理特征，而暴躁更符合后者的心理特征。

心理特征包括能力与人格两个方面。能力是顺利完成某种活动所必备的心理条件。智力是能力的核心成分。智力的个体差异有多种表现。在水平高低上，一般人群中的智力水平高低呈正态分布的规律，即中等智力的人在人群中占大多数，而智力较差和智力较优的人在人群中占少数，且两类人数大致相当。在表现领域上，个体的智力优势可能表现在言语、数学逻辑、空间、音乐、自然观察、反省、人际适应等多个不同的领域。智力的个体差异还表现在构成智力的成分上，著名心理学家斯滕伯格根据构成智力成分的不同，将人的智力区分为三种，即分析性智力、实践性智力和创造性智力。

心理知识之窗1-3　　斯腾伯格智力划分

分析性智力：小林在班里的成绩总是名列前茅，其智力优势尤其表现在逻辑分析思维方面。

实践性智力：小智在班级里的成绩很不起眼，但是他在具体情境中能成功地表现出适应性。"商业头脑"常常是这类人的突出特点。

创造性智力：小明在班里的成绩不是最好，但是他颇具创造性，能将没有关联的事物建立起联系并创造性地解决问题。创造性思维是这类人的突出特点。

人格是构成一个人的思想、情感及行为的特有的统合模式，这个独特模式包含了一个人区别于他人的稳定而统一的心理品质。气质类型的划分是传统的人格分类方法。经典的气质类型测验将人分为胆汁质、多血质、黏液质和抑郁质四种类型。而现代的一些人格理论不太重视通过划分气质类型来衡量个体间的人格差异，而是倾向于分析组成人格的基本因素或基本单位(也是人格特质)，并认为人格差异实际反映的是个体在不同人格特质上的量的差别而非质的不同。组成人格的基本因素或特质有如下五种。

(1) 开放性：程度高的人富有想象、寻求变化、自主；程度低的人务实、遵守惯例、顺从。

(2) 责任心：程度高的人有条理、谨慎细心、自律；程度低的人无条理、粗心大意、意志薄弱。

(3) 外倾性：程度高的人好交际、活跃、情感外露；程度低的人不好交际、严肃、感情含蓄。

(4) 宜人性：程度高的人热心、对人信赖、利他；程度低的人冷淡、对人怀疑、利己。

(5) 神经质：程度高的人焦虑、有不安全感、自怜；程度低的人平静、有安全感、自我满足。

有研究表明，这五种特质与人的心理发展及心理健康有关。譬如，高开放性与高责任心的学生学习成绩优秀；低责任心和低宜人性的学生有较多的违规行为；高外倾性和低责任心的学生常发生与外界冲突等行为问题；高神经质与低责任心的学生常表现出由内心冲突引起的问题。

心理知识之窗1-4　投射测验

投射测验是人格研究中一种特有的方法。该方法以心理分析的人格理论为基础。该理论认为人的行为常常由无意识的内驱力推动，因而要直接了解个人的情感和欲望等内心特征是很难的。但是如果给被试一些模棱两可的问题，那么他的无意识欲望有可能通过对这些问题的回答而投射出来。罗夏墨迹就是一种典型的投射测验(如图1-2所示)。主题统觉测验(简称TAT，如图1-3所示)也是一种投射测验。测验时，请被试根据所看到的内容编一个故事，故事内容基本不限制，但必须包括以下四项：图中发生了什么事；为什么会出现这种情境；图中的人正在想什么；故事的结局会怎样。研究者对故事加以分析推测出被试的人格特征。

图1-2　罗夏墨迹图例

图1-3　主题统觉测验图例

二、心理科学的主要研究领域——"我"的兴趣

上述认知，情绪、意志与动机，能力与人格三大方面是基础心理学的主要内容。基础心理学的各部分均可以独立成为一个研究领域，比如实验心理学、认知心理学、人格心理学、生理心理学等。同时，基础心理学的内容与其他学科交叉也可形成独立的研究领域，如教育心理学、工业心理学、医学心理学、社会心理学、司法心理学等。

第二节　校园生活与心理健康——象牙塔里的"我"

一、大学生心理健康的标准——"我"的诊断

所谓健康，是指身心健全和体能充沛的一种状态。1948年，世界卫生组织成立时在宪章里开宗明义地指出：健康不仅是没有疾病和衰弱的表现，而且更重要的是在生理上、心理上和社会适应方面处于一种完好的状态。世界卫生组织并且提出了衡量健康的十条标准：有足够充沛的精力，能从容不迫地应付日常生活和工作压力而不感到过分紧张；态度积极，乐于承担责任，无论事情大小都不挑剔；善于休息，睡眠良好；能适应外界环境的各种变化；能抵抗一般的感冒和感染；体重得当，身材均匀，站立时头、肩、臂的位置协调；反应敏锐，眼睛明亮，眼睑不发炎；牙齿清洁无空洞，无痛感，牙龈颜色正常；头发有光泽、无头屑；肌肉和皮肤富有弹性，走路轻松匀称。

由此可见，身体和心理都健康才算健康。那么，什么是心理健康呢？从广义上讲，心理健康是一种高效而满意的、持续的心理状态；从狭义上讲，心理健康指的是人的基本心理活动的过程内容完整、协调一致，即知、情、意、行、人格完整协调，能适应社会。

(一) 衡量心理健康的原则

界定一个人的心理是否健康应遵循以下三条准则。

(1) 心理活动与外部环境是否具有同一性，即一个人的所思所想、所作所为是否能正确地反映外部世界，有无明显的偏离。下列故事的主人公是小爱，她对周围人态度的判断，显然偏离了客观事实，小爱的故事是这一准则的明显反例。

案例链接1-1　小爱表白遭拒

小爱性格内向、敏感、多疑。她喜欢一位同乡男孩子已经有很长时间了，可是始终不敢表白，害怕遭到拒绝。终于在一次联欢会上，她鼓足勇气向男孩道出了自己的感情，不料却遭到拒绝。这次拒绝对小爱的打击非常大，她觉得周围的人都在嘲笑她。每当看到旁边的同学窃窃私语，她就觉得他们是在讨论自己、嘲笑自己。于是她更加疏远他人，心中的阴影总是挥之不去。更严重的是，当有人友好地与她打招呼或者礼貌地看她一眼，她都会觉得别人是在故意挑衅、瞧不起她。

(2) 心理过程是否具有完整性和协调性，即一个人的认知过程、情绪情感过程、意志过程内容是否协调。案例链接1-2中的小明就是一个例子，小明在理智上很清楚不能与这

些非法之徒为伍,但在情感上和意志上却不能自已,结果出现心理的失调状态。

案例链接1-2　小明误交损友

小明在学校里由于不努力学习,成绩很差,又性格孤僻,不愿和同学交往,因此很不受欢迎。一次在迪厅小明偶然认识了两个挺讲义气的哥们儿,与他们一见如故,意气相投。后来当他得知这俩人是从事非法交易的人时,他思想动摇过,产生了与之断交的念头。但是,小明经不起他们的威逼利诱,也承受不了一个人的孤独,就这样跟他们一直混在一起。

(3) 个性特征是否具有相对稳定性。在没有重大外界环境改变的前提下,人的气质、性格、能力等个性特征是否具有相对稳定性,行为是否表现出一贯性,是一个人心理是否健康的一个标志。稳定的人格,意味着通过日常的表现,可以预期一个人在具体情境中的行为。比如,一位开朗外向的姑娘,在大多数时间和场合都不会害羞胆怯。而像案例链接1-3中的"化身博士",在白天与黑夜里,两个特征分别处于完全相反的状态,可以说是个极端的案例。

案例链接1-3　《化身博士》

《化身博士》中的主人公杰克尔博士,原本是一位品德高尚的科学家,由于对人性中恶的一面感兴趣而进行科学实验。他成功发明了一种药水,可以让人在喝了药水之后不久就变成完全由恶支配的人。他很小心地先在自己身上做实验。最初他还能控制自己在善和恶之间穿行。渐渐地,恶的力量越积越强,他对自己失去了控制。白天,他依然是学识渊博、谈吐文雅的学者,而在深夜他则化成丑陋无比、杀人如麻的凶犯。最终,在他善的意识就要全部消退之际,他请求朋友结束自己的生命以终止这项失控的研究。

(二) 大学生心理健康的标准

大学生是社会中的一个特殊群体,大学阶段也是个体发展中的一个特殊时期,所以衡量大学生的心理健康状况也有不同于一般人的标准。目前,衡量大学生心理健康的标准,一般有以下几点共识。

(1) 能对学习保持较浓厚的兴趣和求知欲望。

(2) 能保持正确的自我意识,接纳自我。自我意识是人格的核心,指人对自己及自己与周围世界关系的认识和体验。

(3) 能协调与控制情绪,保持良好的心境。心理健康者经常能保持愉快、自信、满足的心情,善于从行动中寻求乐趣,对生活充满希望,情绪稳定。

(4) 能保持和谐的人际关系，乐于交往。其表现：一是乐于与人交往，既有稳定而广泛的人际关系，又有知己的朋友；二是在交往中保持独立而完整的人格，有自知之明，不卑不亢；三是能客观评价别人，以人之长补己之短，宽以待人，友好相处，乐于助人；四是交往中积极态度多于消极态度。

(5) 能保持完整统一的人格品质。心理健康的最终目标是保持人格的完整性，培养健全人格。

(6) 能保持良好的环境适应能力，包括认识环境及处理个人和环境的关系。

(7) 心理行为符合年龄特征。一个人的心理行为经常严重偏离自己的年龄特征，一般是心理不健康的表现。

二、心理健康对大学生的意义

对于一个人来说，心理健康有着重大的意义，概括起来，主要有以下几点。

(1) 心理健康是健康的一半。人的全面健康包括身体健康和心理健康两方面。这两方面密切相关，互相依存，不可分割。身体健康是心理健康的前提和基础，心理健康是身体健康的动力和保证。一个人只有具备心理健康的基本条件，才能保证人体处于完整统一的全面健康，才能维护身心功能的协调稳定，免除各种情绪压力。

(2) 只有实现心理健康，才能顺利地适应社会。我们所处的社会环境是复杂多变的。心理不健康的人，在复杂多变的情况面前，往往显得不太坦然，甚至惊慌失措，一筹莫展。而心理健康的人能与现实保持良好的接触，对周围的事物常有清醒的、客观的认识；既有高于现实的理想，又不沉湎于幻想；对生活中的各方面的问题、各种困难和矛盾，能以切实的方法加以处理，而不回避。心理健康的人处处表现出积极进取的精神面貌，从而能较顺利地适应社会环境的变化。

(3) 实现心理健康，有利于学习和工作，并能在学习和工作中把自己的聪明才智发挥出来，从中得到满足感。对这些人来说，学习和工作不是负担而是乐趣。

(4) 实现心理健康，有利于个人拥有良好的人际关系。人际关系是一个人心理素质水平的集中体现，也是衡量心理健康水平的重要标志之一。一个人只有具备了健康的心理品质，才能与领导、同事、同学、亲人、朋友建立良好的人际关系，而这种人际关系，直接会影响到一个人的工作成败和自己所处的社会地位。

案例链接1-4　"我们回去,是冲着你过去为我们打了四年水。"

——俞敏洪成功的秘密

在北大当学生的时候,俞敏洪一直有为同学服务的精神。他的学习成绩一直平平,但从小就热爱劳动,他希望通过劳动来引起老师和同学们的注意。他手脚灵活,劳动中表现很好,在北大时,每天都为宿舍打扫卫生,而且一直做了四年。另外,他每天都拎着宿舍的水壶给同学打开水,他不觉得这是吃亏的事,反而当作是一种体育锻炼。

1995年底,新东方寻找合作者时,他美国的几个同学义无反顾地决定和他一起创业。而且他们给俞敏洪的理由是"我们回去,是冲着你过去为我们打了四年水""我们知道,你有这样的一种精神,因此你有饭吃,肯定不会给我们粥喝,所以,我们和你一起回国"。

俞敏洪的成功,和他勤于助人、积极乐观的心理状态是分不开的,这也正是俞敏洪一直所提倡的人生信念,"天下没有白付的努力!"。

由此可见,心理健康是成功的重要基础。尤其对当代大学生来说,心理健康的价值更大。心理健康对大学生的重要性,还体现在以下两方面。

首先,心理健康是大学生更好地适应大学生活的重要条件。大学生虽是同龄人中的幸运者,但是其在学习和生活中遇到挫折、冲突和烦恼等也在所难免。因为在大学阶段,大学生们正处于青年期,生理已发育成熟,但心理尚未成熟,自我调节和自我控制能力还不强,再加上学校和社会环境的复杂,所以,这一时期大学生所面临的各种冲突较多。大学生在处理这些矛盾和冲突时,往往会遇到挫折和障碍,产生忧虑和烦恼,造成心理紧张乃至失调。

案例链接1-5　"马加爵事件"

2004年2月13—14日,云南大学化学院生物技术专业学生马加爵,因和同学打牌时发生不愉快,竟痛下杀手,先后将四名同学杀死。

据马加爵供认,杀人事件的起因是因为打牌而发生争执。马加爵认为同学的话伤害了自己的自尊心,因而动了杀机。

大学生活中的矛盾冲突和困难挫折虽说是不可避免的,但并非不能解决的。心理健康的大学生能正视这些冲突和挫折,在对冲突和挫折的反应上能更多地表现出积极的适应倾向,及时地进行自我调节,克服心理障碍,战胜心理挫折,更好地适应大学生活。

其次，大学生心理健康是教育质量构成的要素之一。教育质量的内涵是多方面的，其中心理素质是其构成要素之一。大学生如果没有良好的心理素质，缺乏必要的心理承受能力和耐挫力，便无法适应社会对人才的需要。

三、怎么解释心理与行为的异常表现——"我"的疑问

心理异常的形成原因非常复杂，人们常常从生物学、心理学、社会学等多个方面予以解释。

(一) 生物学解释

生物学理论强调生物因素在心理异常形成中的重要作用。产生心理的器官是大脑，脑部功能不全，必然会出现心理异常。心理知识之窗1-5中的盖奇事件就是个充分例子。

心理知识之窗1-5　　盖奇事件

1848年美国佛蒙特州在大规模铺设铁路，菲尼亚斯·盖奇是一个铁路班组的工头，他的工作是把甘油炸药注入孔中，在铁轨铺设的沿途炸掉阻碍通道的所有障碍物。为了施加甘油炸药，盖奇必须使用一根1.2米长、最粗处3厘米多的铁夯。一天，当盖奇用铁夯把甘油炸药塞到孔中时，一颗火星意外地点燃了甘油炸药，使它提前爆炸了。虽然这场爆炸非常严重，但盖奇活了下来。爆炸时，他的头正歪向一边，所以铁夯弹起从他的左侧脸穿透颅骨直到前脑，严重地损伤了他的前额叶皮层。令人惊奇的是，当他伤势痊愈后，他的感知和运动能力都很正常。但人们注意到，以前的盖奇是个愿意合作而友善的人，而现在他却变得专横、优柔寡断、傲慢、顽固、对旁人漠不关心。最终，他失去了铁路上的工作，到处游荡，成为集市上一个行为怪诞的人而了却了他的余生。盖奇的案例，引起心理学家极大的关注，他为研究者们提供了一个探察心理与行为的生物学基础的自然机会。

(资料来源：苏珊·格林菲尔德. 人脑之谜[M]. 杨雄里, 译. 上海：上海科技出版社, 1998: 12.)

遗传学认为，人的身心健康与遗传因素密切相关，特别是体型、气质、神经结构的活动特点，以及能力和性格的某些成分都受到遗传因素的影响。美国心理学家鲍查德等人曾费尽心思找到56对分开抚养的同卵双生子，对他们的心理行为特征进行测试，将其结果与共同长大的同卵双生子的结果进行比较，结果发现，双生子之间存在着惊人的一致性。鲍查德对其研究进行总结时说，从总体上看，人格中40%的变异和智力中50%的变异都以遗传为基础。后来研究者对其他一些方面如爱情、离婚、死亡等也做了类似的调查研究，发现这些行为上也存在着高度的遗传特征。比如，同卵双生子中一个人离了婚，那么另一个

人的离婚率将达到45%。

(二) 心理学解释

心理学在探讨人的各种心理现象时，不同的理论有不同的解释。尽管没有一种理论能完全解释所有的心理现象，但不同的理论却可以从不同的角度，为我们提供认识心理与行为问题的线索，并有可能探查问题产生的心理原因。

1. 精神分析理论

以弗洛伊德为代表的精神分析理论认为，个体可以觉知到的意识仅仅是人的整个精神活动中位于表层的一个很小的部分，而不易被个体觉知到的处于心理深层的无意识，才是人的精神活动的主体。无意识对人的精神与行为起着重大而关键的影响作用。弗洛伊德把人的人格分为本我、自我与超我三部分。本我是由先天的本能、欲望所组成的系统，包括各种需要，其活动的宗旨就是追求快乐。超我是由社会规范、伦理道德的价值观念等内化而来的，代表社会价值的要求，其活动的宗旨是遵循社会道德规范。自我是协调本我和超我之间的需要，同时又考虑外部现实条件的人格部分，其活动宗旨是依据现实条件，以合理的方式来满足本我的需求。当自我不能协调好本我与超我的冲突的时候，人就会产生各种焦虑。为了减轻焦虑，自我会采取压抑、升华或"吃不到葡萄就说葡萄酸"等防御方式。

2. 行为主义理论

以华生和斯金纳为代表的行为主义拒绝探讨看不见的"黑箱"，他们认为通过外显的刺激—行为反应链即可解释个体的许多心理现象和行为。华生曾说过这样一段话：请给我一打强健而没有缺陷的婴儿，让我把他们放在自己特殊的世界中教养，那么，我可以担保，在这十几个婴儿中，我随便拿出一个来，都可以将其训练成为任何专家——无论他的能力、嗜好、趋向、才能、职业及种族是怎样的，我都能够任意训练他成为一个医生，或一个律师，或一个艺术家，或一个商界领袖，或可以训练他成为一个乞丐或窃贼。由此可见，行为主义认为不管是好的还是坏的行为，都是习得的，甚至一些情绪也是习得的。

心理知识之窗1-6　习得性无助与抑郁

行为主义理论者通常从动物研究中得到启示，并推论到人的行为。研究者将24只狗分成3组，每组8只。A组是可逃脱的，B组是不可逃脱的，C组是无束缚的。A与B两组的狗被单独安置并套上狗套，虽然受到束缚，但并不是完全不能够移动。在狗的头部两边各有一个垫子，以保持头部面朝正前方。狗可移动头部以挤压两边的垫子。当可逃脱的狗受到电击后，可以通过挤压头部两边的垫子终止电击。不可逃脱的狗却无法终止电击。C组的狗不用套子也没有电击。A、B两组的狗在90秒的时间里接受了64次电击。A组的狗很快学会了终止电击，而B组的狗在尝试了30次并失败后就放弃尝试。接着，3组狗被放在一个穿梭箱中，狗必须在10秒钟内从箱底逃脱，否则会一直受到电击达60秒。结果发现，B组狗(不可逃脱的)大多不能成功逃脱。

研究者认为，先期的电击经验使得B组的狗形成了习得性无助，在后期的试验中便不会主动尝试成功了。行为主义理论者认为，人类抑郁的产生形同于动物的习得性无助。

(资料来源：【美】Roger R. Hock. 改变心理学的40项研究》[M]. 白学军，译. 北京：中国轻工业出版社，2004：329页.)

3. 认知理论

认知理论则认为，人对环境采取任何行为，取决于他对环境的分析与解释。譬如，有这样一种情景：当街有一男一女在吵架，如果女人喊"你要干什么，我根本不认识你！"，或者喊"你要干什么，我从未说过要嫁给你！"。在哪种情况下，旁观者更可能去劝架呢？答案很显然，当然是前一种情况下的"正义者"更多一些。原因就在于人们对两种相似的情形做出了不同的推理与判断。对于同样的情形，不同的人由于生活经历或情绪状态不同，也会产生不同的解释，并因此产生不同的心理与行为。

(三) 社会学解释

精神分析学家霍尼认为，许多心理异常是由于对环境的不良适应而引起的。现代社会，由于人们的生活方式、价值观念发生了重大变化，人们的心理活动较之以前更复杂。大量新的社会刺激对人们的心理健康威胁越来越大，心理障碍发生率逐年增高。

1. 社会文化背景的影响

当今社会处于多元文化交叉、多种价值观冲突的时代。面对不同以往的文化背景和多种价值选择，人们常常感到茫然、疑惑、混乱，陷入压抑、紧张的状态，在多种人生选择上处于两难和多难的境地。心理上的冲突必然带来心理失调，出现适应不良的种种反应。

2. 大众传媒的影响

现代社会的大众传媒传播方式越来越多，从报刊到广播电视再到互联网，大众传媒对人们心理的影响越来越大。一些不健康的作品和观点侵蚀了一部分人的思想，一些不健康的行为甚至直接成为模仿的对象，从而使人出现心理障碍。

3. 家庭环境的影响

大量的心理学研究证明，家庭环境对人的一生发展会产生重大的影响，特别是早年形成的人格结构，会在以后的心理发展中打下深深的烙印。家庭环境包括人际关系、父母教育方式、父母人格特征等。国外学者对恐惧症、强迫症、焦虑症和抑郁症四种神经症患者的早期经历与家庭关系的调查表明，这四种神经症患者的父母与正常个体的父母相比，表现出较少的情感温暖，较多的拒绝态度或者较多的过分保护。母亲作为个体早期主要的照料者，是儿童对环境得以形成基本的信任感和安全感的途径和媒介，所以母亲对儿童的心理发展起着不可忽视的作用。

心理知识之窗1-7　　母亲缺失给个体早期心理带来的影响

动物习性学家哈洛对幼猴做了许多实验，以研究动物的异常行为。当母猴与幼猴在短期(三个月)分隔后重聚时，幼猴表现出更多的依附行为，探索行为减少，缺乏挫折耐受力与探险性。当幼猴一直在缺失母亲的条件下生长时，与正常生长的同龄伙伴相比，没有母亲的猴子缺少群体性行为、不合群，富于侵犯性，怯于探索环境，且不能适应未来的生活，并且其后果严重，难以弥补。对于人类的观察研究也得到类似的结论，即早期的母性缺失会对儿童的社会能力、认知、语言的发展产生破坏性的影响，这种影响可能延续至成年。他们往往还表现出人格失调、人际关系破裂、犯罪、父母角色意识与能力差等倾向或特征。

总之，对于人为什么会出现心理与行为的偏差，其原因是多方面的，生物因素、心理因素和社会因素常常交织在一起，互相联系、互相作用、互相制约。

第三节　告别阴霾，阳光与"我"同行
——预防心理问题，保持心理健康

大学是一个怎样的地方，应该是每个年轻人都憧憬的天堂吧？这里有青春的笑语、欢快的脚步、自由的思想，人生的成功之舟在这里起航……可是大学的一些角落里，世俗的染缸让人生的画布变得斑驳不堪，诚信危机、道德失范、心理失控、情感迷惘……许多的憧憬在这里被碾碎，更令人扼腕的是还有许多年轻的生命就在大学画上了休止符。人们不禁会问：为什么？为什么在这样前程似锦的道路上却走出了扭曲的人生轨迹？

一、"我"的特别时期——大学生的心理特点

大学生处于一生之中心理发展变化最激烈的青年时期，生理上已经日渐成熟，但心理上发展还不够成熟，心理冲突和矛盾时有发生，比较容易引发心理问题。具体来说，大学生在以下各方面都表现出不同于其他群体的特殊性和脆弱性。

(一) 思维片面，缺乏深刻性

进入大学阶段，个体的思维达到较高的抽象逻辑思维水平。他们能够对非常抽象的命题进行分析、推理、假设与检验。但是，由于社会阅历的缺乏，他们对事物的看法还不够稳定，对社会的认知仍存在较大的片面性，思维方式上带有非此即彼的极端色彩，要么绝对肯定，要么彻底否定。具体来讲，大学生的思维优势和弱点是并存的。① 思维敏捷，但简单片面。大学生思维敏捷，接受新生事物快，常常是新事物、新观念尚在萌芽状态，他们已觉察并付诸行动。但是，敏捷的思维背后还掩藏着不切实际的东西，主要是社会经验不足导致的。② 批判质疑，但轻易否定。大学生具有一定的创造性思维能力，质疑与批判性是他们的思维特点。但是他们的二元思想会使得他们可能仅仅根据怀疑就对事物下结论。③ 追求新异，但缺少分析。大学生思想活跃，求知欲旺盛，他们为了满足自身成才的需要和心理渴求，希望能大量涉足未知领域，求异猎奇，以求自我成就的某种"实现"。但这种热情往往是不成熟的心理催生出来的，缺乏根基，所以常常表现得很肤浅。

(二) 自我认同的危机

建立积极的自我认同，是人一生的发展任务，此课题尤其对青年期发展有着重要的意义。良好的自我认同，意味着坦诚接纳过去的我，适度激励现在的我以及合理设计未来的我。大学生之所以喜欢探讨自我、反省自我、思考人生，正是由于其人格发展的内在需要使然。然而，要达到良好的自我认同，并不是件容易的事情。此间必然要经历种种内心矛盾和迷茫，如果不能恰当处理好诸多方面的问题，很可能引发心理问题。

(三) 心理素质不完备，成熟度低

脏衣服打包回家让妈妈洗；韭菜与麦苗不分；稍遇挫折就怨天尤人或寻死觅活……诸多现象表明，现在大学生的心理成熟度远低于人们的预期。大学生处于自我意识高涨的时期，他们非常重视自己的感受。如果成功，会大喜过望，春风得意；而遇到失败则会一蹶不振。他们以自我为中心，还表现在只顾自己舒服与快乐，不顾及他人的痛苦与压力。例如，大学生消费状况就显现出其对家庭经济的不负责任。父母抱怨孩子手机话费居高不下的现象非常普遍，挫折耐受力低、缺乏责任感等是大学生突出的心理问题。

(四) 情绪发展不稳定

青年学生的情绪处于最丰富、最动荡和最复杂的时期，鲜明的特征是情绪的两极性。他们情绪起伏过大，摇摆不定，而缺乏对事物的客观判断。强烈的情感需求与内心的封闭，情绪激荡而缺乏冷静的思考，使他们容易走极端，常常体验着人生的各种苦恼。

除两极性或矛盾性的基本特征外，大学生还有一些情绪变化，具体特征如下。

1. 冲动性

大学生虽然在理智上与自控能力上较以往有长足的进展，但在一定刺激的作用下仍然容易表现出冲动性的情绪反应，尤其是在受到挑衅和敌意时，容易情绪失控，呈现出冲动的特点。

2. 波动性

同成年人相比，大学生的情绪仍不甚稳定。他们的情绪起伏较大，时而热情奔放、慷慨激昂，时而消沉郁闷、怨天尤人。

3. 多层性

不同年级或年龄的大学生在情绪反应上存在较大差异，使得这一群体的情绪呈现出多种不同层次相混杂的局面。同时，在他们的情绪中还表现出一些过渡性的特征，既有儿童少年时期残留的天真稚气，又有成年时期的沉着老成，即不同年龄层次的情绪特征，往往会同时在他们身上反映出来。

4. 文饰性

随着年龄与阅历的增加，大学生的情绪表现逐渐由单纯、直露转向内敛、含蓄或封闭自身的真实感情。当然，这是大学生有意识克制和无意识防御的结果，与表里不一的虚伪是两回事。

(五) 性生理成熟与性心理不成熟的冲突

青年期由于性机能的成熟产生了性的欲望与冲动。但由于社会道德习俗、法律和理智的约束，这种欲望常被限制或压抑。大多数学生通过学习、娱乐、社会交往等途径使生理能量得到正当释放、升华或补偿，但有一部分同学不能正确处理和调节，存在性压抑，进而出现焦虑不安，甚至以某种变态的形式表现出来。由于性的生理需求与社会约束之间的冲突调适不当，而产生心理疾病的实例在大学生中时有发生。

二、"我"的迷乱——校园生活中的心理困惑

大学生的心理问题引起各方面的极大关注，对大学生心理问题的清楚认识将有助于人们采取适当的预防和干预措施。归纳起来讲，大学生的心理问题主要来自以下几方面。

(一) 踏进校园第一天，我失去了自我——生活适应问题

走进大学校门前，年轻人心中不乏绚丽多彩的憧憬，可是一踏入校园，却发现自己迷失了！生活需要自理，经济需要自理，学习需要自理，时间需要自理，人际关系需要自理……不得不承认，当自由来得太突然的时候，有些大学生反而感到迷茫与不知所措，甚至想退缩与逃避。

"开始我真的对大学有很多憧憬，可是真正上大学后，很长一段时间不能给自己找准位置，每天就是按部就班地上学、上课、自己吃饭。现在社会上人才这么多，本科生也不像以前那么受欢迎了，我不知道自己大学毕业后能做什么，也不知道自己究竟该做什么，每天几乎就是这样迷迷糊糊地混日子。"

这是一位大一学生表达出的心里困惑。这种困惑并不是个别现象。

(二) 学习的权重有多大——学习压力问题

一项调查表明，有39%的大学生感到自己所面对的学习、择业压力过大，这让他们有些不堪重负。一些大学生反映，就业形势越来越严峻，他们希望在学校里能储备更多的知识给将来的就业增加砝码。因此，在学有余力的同时，他们频频给自己充电，积累能量，甚至从一入学就开始为自己的考研梦而努力，以至于一些学生在超负荷的学习中备感压力，而且自己没法及时排解、释放这些无名的压力，从而造成了一定的心理问题。

(三) 为什么我竟如此孤独——人际关系问题

一项近千人参加的大学生调查表明，60%的学生认为寝室里有自己最不喜欢的人，33%的学生认为寝室里室友不能相互关心，相处不融洽……

人际关系问题，往往是大学生关注的主要问题之一。同高中阶段相比，大学生对人际关系问题的关注程度超过学习，也成为大学生心理困扰的主要根源之一。人际关系问题，常常表现为难以和别人愉快相处、没有知心朋友、缺乏必要的交往技巧、过分委曲求全等，以及由此引起的孤单、苦闷、缺少支持和关爱等痛苦感受。

(四) 欣赏风景的时候，注意不要偏离轨道——恋爱与性的问题

一项校园调查表明，恋爱的学生中表示要与恋爱对象结婚的不到60%。"性"在当代大学生的眼里早已不是洪水猛兽，但是开放一代对"性"的态度好像有走向另一个极端的趋势。爱情是永远的话题，大学生正值性生理成熟之际，对这类问题更敏感，同时也很容易产生问题。因而，诸如失恋、单相思、婚前性行为、同居、性病防治等问题，也是大学

生常见的心理困扰问题。

(五) 我的未来不是梦，是什么——生涯规划问题

求职与择业问题，是高年级大学生常见的问题。但跨入社会时，他们往往感到很多的困扰或担忧。如何选择自己的职业、如何规划自己的生涯、求职需要些什么样的技巧等问题，都会或多或少地给他们带来困扰和忧虑。

所有这些问题，本书下面各章会一一给你进行解答。

· 思考题 ·

1. 界定一个人心理是否健康遵循的三条准则是什么？
2. 大学生心理健康的一般标准是什么？
3. 大学生的心理特点有哪些特殊性与脆弱性？
4. 大学校园生活中的心理困惑有哪些？

第二章 规划你的大学生活
——大学生活适应与发展中的心理调适

• 本章提要 •

本章主要是让学生了解在大学期间需要发展的能力目标，并在此基础上对自己的大学生涯进行规划，有目的地安排自己的时间，更好地适应大学生活，获得自我发展。

> 生活，就是理解。生活，就是面对现实微笑，就是越过障碍注视将来。生活，就是自己身上有一架天平，在那上面衡量善与恶。生活，就是有正义感、有真理、有理智，就是始终不渝、诚实不欺、表里如一、心智纯正，并且对权利与义务同等重视。生活，就是知道自己的价值，自己所能做到的与自己所应该做到的。生活，就是理智。
>
> ——【法】雨果

考入大学无疑是个体人生发展中的一个积极事件。然而，它也是个体人生中的一次重要转折。这一转折一方面意味着个体与原有环境关系的全部打破或部分改写，个体进入一种失衡的状态。人类与环境之间平衡的丧失，使个体将面临各种挑战，承受多种压力，如果不能积极应对，就会出现适应不良的问题。这一转折另一方面意味着大学环境提出的新要求为个体的发展提供了新的契机，个体内部寻找平衡状态的内在要求又为个体发展提供了必要的动力。这保证了学生们在原有适应的基础上获得极大的平衡，并且在解决问题的过程中扩展知识，发展心理能力，达到良好的适应状态。

大学生的适应任务包括多个方面：大学阶段的教育特殊性决定了个体首先要适应大学中的学习环境，大学生的独立自主的要求，又要他们掌握相应的生活技能，包括合理安排时间，合理消费等；丰富多彩的社团活动又为大学生提供了展示自己的舞台，要求大学生在参与中发展自己的综合能力……对于大学生活的良好适应直接影响大学生身心的健康发展，也对其成年期的发展具有深远的影响，同时对于社会的未来发展也具有潜在的重要价值。

第一节　把握生命的主旋律——适应新的学习环境

心理知识之窗2-1　大学生活适应性调查

　　研究人员对某大学某院系7个班的148名大学新生进行调查，了解他们"入学后最迫切的愿望是什么"。结果发现：40%的大学新生回答"希望有丰富多彩的大学生活"，55.5%的学生认为"自己的目标不明确"。来自另一所大学物理系学生的问卷调查表明，与高中的学习勤奋程度相比，自认为有所提高的大学生占9%，大体相当的占29%，有所下降的占37%，大大下降的占25%。另外，对某大学化学系学生在学习的积极性方面的问卷调查显示：自认为"学习积极主动"的占23%，"一般能完成学业但学习比较被动"的占45%，对学业采取应付态度的占23%，"不能完成学业或放任学业"的占9%。

　　通过以上调查可以看出，相当一部分的大学生在进入大学之后，不能结合自己的专业和兴趣特长为自己设立一个明确而清晰的发展方向，甚至不再把学习看作是大学生活中的一个重要部分。这使许多学生随波逐流，沉迷于"多彩"的大学生活之中，把宝贵的时间浪费在一些无谓的活动上，不能很好地适应大学的新环境。

一、大学的学习环境与中学的学习环境的不同之处

案例链接2-1　曾经的优等生想退学

　　小红为某大学一年级的学生。她在高中时期学习刻苦、成绩优秀，得到同学的羡慕、父母的喜欢和老师的器重。小红进入大学后，由于学习环境的变化，老师讲的课听不懂，总觉得大学老师很不负责，不像中学老师那样每天围着学生转，感觉自己对学习力不从心。尽管她每天早出晚归地上自习，上课认真听讲做笔记，但是对所学知识理解不透彻，第一学期期末考试，竟有两门课不及格。她难受至极，这么多天的努力换来的却是不及格，对不起辛苦培养自己的父母。因此她对学习失去了兴趣，甚至产生了退学的想法。

　　像案例中小红这样的学生，在大学里并不少见。所以，进入大学后，同学们首先要清楚，大学阶段的学习与高中的学习有很大的不同。

　　首先，从教育气氛来看，中学和大学存在很大差异。在中学教育中，各门课程一般是贯彻始终，教师教学一般以灌输为主，重点是让学生掌握知识点，在考试中考取高分数。

并且，每节课教授的内容相对较少，教师会给学生布置具体的、指令性的任务，安排学生的学习及活动内容。学生对所教内容没有任何选择的余地，只是被动接受教师的安排，养成了学习上的随从性。大学教师的教育特点在于把自己对学科前沿的动态了解与授课有机结合在一起，给学生传播更为广博的知识，每个学期学生的课程内容一般不同。因此，他们在一次课上会给学生讲授相当多的内容。并且，大学教师教学的重点是引导学生去寻找问题、分析问题，把更多的时间交给学生，很少给学生布置具体的、指令性的学习任务。这就要求大学生的学习行为具有专业性、自主性、开放性和探索性等特点。因此，在考入大学之后，大学生要从中学时期的成人监督、指导的学习方式向自我监控、指导的学习方式转变。

其次，从学习的人际环境来说，中学和大学也存在很大差异。中学时期学生们在同一个班级里上课和复习功课，同学之间的交流比较多；但是随着当前大学招生的逐年增多，许多学校已经不能够为学生提供固定教室。因此，学生在同一教室上完课后，需要自己寻找地方进行课外学习，同学之间的交流不再像高中时那样方便。同时，大学里的教师上课时来，下课时走，不会像中学教师一样，时刻对学生进行监督。因此，学生需要自己积极主动地与教师交流。这样，在进入大学后，学生需要在新的学习环境下重建社会网络。

最后，从学生可安排的时间来看，中学和大学存在很大差异。在中学，学生一天中自己可以安排的时间很少，大部分的时间用在上课和复习功课上；到了大学，学生上课的时间相对较少，很多空闲时间可供大学生自己安排。

案例链接2-2　新生和老生的对话

新生问老生：中学和大学的学习时间有什么不同啊？

老生回答：在中学，大部分的作息都很有规律，你每天从早上8点到下午5点都待在学校里，可能一星期只花数小时做家庭作业和读书；在大学却恰恰相反，一星期可能只有三四天上课，总共只有10～15小时，但课外研读的时间却可能大大增加。

新生问老生：那该怎么安排时间呢？

老生回答：大学刚开始时，看似上课时数少，但实际上却要花更多的时间，好比说，你每上1小时的课，可能得在课后花2小时来研读，若你每星期上15小时的课，那至少花30小时在研读和做作业上，那么你每周就要花45小时在课业上。当然，时数的多寡还得根据你所修的课程，以及你能否有效率地利用时间而定，且每周所花的时间也不尽相同。另外，假使你希望拥有课业外的生活，那么你还必须计入个人生活、社交生活或打工的时间。

二、学海荡舟多波浪——学习环境适应不良的表现

如果大学生不能积极地适应新环境提出的要求，不能利用环境所提供的机会达到与环境的平衡，就会出现对学习环境的适应不良。

(一) 产生自卑心理

当学生跨过高考这一"门槛"的时候，心里可能会充满优越感，认为自己是学习上的成功者。然而，到了大学之后才发现，自己的周围人才济济、群英荟萃，自己完全失去了优势。这时候，一些大学生就会产生学习上的自卑心理，往往表现为对学习目的、学习内容感到困惑和迷茫，学习成绩下降；在情绪上表现为郁郁寡欢、压抑自怨、焦虑等，严重者甚至出现失眠、神经衰弱、饮食减退等症状。

(二) 学习懈怠

许多大学生把进入大学看作进入"保险箱"，认为只要混到毕业，将来就能找到好工作。这类学生认同"谁再埋头学习谁傻帽"的观点，逃避学习，无所事事，上课不专心，严重者表现为厌学，甚至不能正常完成学业。大学生的学习懈怠现象，从当前大学校园中流行的一则"睡觉定律"中可见一斑："晚上熄灯后便准时上床睡觉的是大一的；晚上熄灯后还没有去睡觉的是大二的；上课时在老师眼皮底下睡觉的是大三的；上课时依然在宿舍睡觉的是大四的。"

(三) 学习不认真

有些大学生平时上课不听讲，下课不复习，把自己的课余时间都用在了参加其他活动、做"兼职"等方面。他们认为"中学时期失去的快乐要在这里扯平，所受的苦难需要在这里补偿"。只有在考试临近的时候，他们才乱了阵脚，开始抄笔记、翻书本，更有甚者开始整夜不睡觉来应付考试。这样过度的应激状态会导致身体机能的下降，引发焦虑、烦躁、失眠等现象。

(四) 学习焦虑

大学生的学习具有独立自主性，需要他们自己来制定学习的目标，把握学习方向。如果不能处理好这些问题，就容易产生学习焦虑。学习焦虑是指学生不能达到预期目标或不能克服障碍，致使自尊心、自信心受挫，伴随失败感和内疚感而形成的一种紧张不安、带有恐惧的情绪状态。学习焦虑者往往夸大自己的失败，消极情绪居多，导致注意力不集中、烦躁不安、行动迟缓、食欲不振，甚至失眠等。

(五) 自制能力差

在大学生活中，个体需要对自己大量的课余时间做出安排。许多大学生不能有效地控制自己对某些活动的参与，导致了课余时间的大量流失，甚至由于迷恋某些活动(如上网、游乐等)而逃课、不睡觉等。某高校曾对某年度278名需要补考的学生进行调查，发现其中80%的学生迷恋网络致使学业荒废。

(六) 不能创造良好的学业交际环境

许多大学生与同学之间的交往不融洽，没有找到归属感，对学习也提不起兴趣；同时，对于教师敬而远之，不能与教师进行积极的交流。这往往与高中时期教师对自己的强烈关注形成对比，因此，导致学生认为自己得不到关注，而产生意志消沉，不愿学习的不良情绪。

三、展现大学生本色——适应大学学习环境的成功法则

找到了自己在大学学习环境中适应不良的根本原因后，就可以遵循以下十个法则进行自我约束，达到对大学学习环境的良好适应。

(1) 合理作息，一张一弛。

(2) 接受现实，脚踏实地。

(3) 树立目标，制订计划。

(4) 学习之余，发展能力。

(5) 知识资源，学会获取。

(6) 扩展知识，发展兴趣。

(7) 遇到问题，追根究底。

(8) 与教师交流，积极主动。

(9) 与同学交流，谦和热情。

(10) 独立自主，自强自信。

四、做学海中的弄潮儿——大学生学习环境的管理策略

大学生适应大学学习环境的最终结果就是能够运用合理的学习策略，控制影响学习的各种因素，创建良好的学习环境，利用一切可利用的资源，实现自己学习和发展的目标。其中，适宜的学习环境是大学生需要控制的根本，因为它能够在很大程度上保证学生学习

的成功。因此，学会管理自己的学习环境，对于大学生积极地适应大学学习环境具有重要意义。一般来说，有效的学习环境管理需要以下策略。

(一) 创建学习场所

大学生在学习时，要精心挑选一个或两个固定场所专门用于学习，不能在这些场所开展其他活动。这些场所可以是图书馆、教室、阅览室等，保证学习的持续性和学习效率。如果学习行为经常在同一个地方发生，这个地方就成为学习行为的暗示或信号，使学生在踏入这一场所后，就进入学习的准备状态。同时，一个熟悉的环境可以增加安全感，使思想放松，减少学习中不安定等情绪，减少不熟悉刺激的干扰，最大程度上保证大学生在学习时集中注意力。

(二) 控制干扰

大学生要在视觉和听觉干扰最小的地方学习。在视觉方面，不要出现图画或其他吸引人的东西；在听觉方面，应选择一个安静的学习环境，避免噪声或者某些类型音乐的干扰。

(三) 同学之间进行合作学习

与同学结成学习对子或学习群体，吸收彼此身上的优点，补充各自知识的不足也是大学生管理学习环境的重要策略。研究者对15对大学室友进行了研究，他们从每对室友中随机选择一个人做被试，要求他们每天花1小时模仿良好的学习行为，连续坚持7天，并鼓励各自的室友学习。结果发现，那些受室友鼓励的学生学业成绩提高很大，而鼓励室友的人自己也有所提高。在另外的一个研究中，学生被分配结成对子，要求两人一起进行课外学习，每周至少半小时。结果发现，两人的平均差距呈缩小趋势。以上的研究结果为同学之间进行合作学习所产生的正面影响提供了有力支持。

在大学生活中，注重与优秀同学之间的合作学习，使大学生不但能够获得知识、增进学习动力，而且能够在遇到困难时获得情感支持，顺利渡过难关。

(四) 通过与教师交流，创造学习机会

大学生可以主动与教师交流，就课外学习中所遇到的问题或自己对某一问题的思考与教师进行讨论。这样不仅会扩展自己的知识面，而且还可能在与教师的交谈中发现教师对学生成长的关注。有时候，教师的一句话就能够使你豁然开朗，受益匪浅。同时，大学生还要积极地参与教师的课题研究，在实践中运用并巩固自己已经掌握的专业知识。这不仅能够加深自己对某一问题的认识，同时还能够提高自己对所学专业的兴趣。

第二节　踏上青春的节拍——有效管理时间

案例链接2-3　"不"字不出口　时间便溜走

某大学的阿辉对人一向比较热情。有一天，阿辉正准备到图书馆完成老师布置的作业，舍友阿强对他说："哥们儿，这几天我闷得慌，一起看球赛去吧！"阿辉心里特别不情愿，但是他不好意思对自己的舍友说"不"，于是就答应了。这样，阿辉只有另找时间来完成作业，自己的一些时间无端地被这些临时性的事件给占用了。

席勒说："时间的步伐有三种：未来姗姗来迟，现在像箭一般飞逝，过去永远静立不动。"时间老人以亘古不变的公平给予了每个人一天24小时的时间，但是不同的人在相同的时间里对未来、现在和过去却有着不同的感受，有人感叹时间的飞逝无情，有人却感谢时间让他获得了成就。对处于青年期的大学生来讲，要想走向成功的未来，有效的时间管理就是他们的捷径。正如美国著名的管理大师杜拉克所指出的，"不能管理时间，便什么也不能管理""时间是世界上最短缺的资源，除非严加管理，否则就会一事无成"。当然，生活中总是有这样那样的无端事务来扰乱自己的时间，如上述案例中的阿辉，因此，大学生需要掌握一定的技巧来避免时间的浪费。

所谓时间管理，就是应对时间的流动而进行自我的管理。其所持的态度是将过去作为现在改善的参考，把未来作为现在努力的方向，好好地把握现在，立刻运用正确的方法做正确的事。为了能掌握时间，每一个人可根据自己的目标安排10年的长期计划、5年或3年的中期计划，甚至季、月、周或日的执行计划。研究表明，时间管理对于大学生的学业成就具有重要的预测作用，它通过时间压力、学习满意以及学业拖延等中介变量，直接或间接地影响大学生的学业成就。并且，个体的时间管理倾向与主观幸福感、自我价值感等人格特质，以及生活质量等也存在显著正相关。

一、走出时间管理的误区

时间管理的误区是指导致时间浪费的各种因素，认清自己在时间管理中存在的误区是做好时间管理的重要条件。一般来说，一个人在时间管理方面的误区主要有以下几方面。

(一) 做事无计划性

计划是对未来行动纲领的先期决策。在拟订计划时需要指出行动的目标(你要到哪里去?)及行动的步骤(你要怎么走?)。如果一个人在做事之前没有这样一种思考,那么他就很容易沦为一个随波逐流、迷失自我的人。

(二) 接受事务委托

"陪我去逛街吧?""一块儿去看电影吧?"……这些无端事务往往会扰乱大学生的时间安排,但是一些同学却不好意思拒绝。当一个人能够克服"不好意思拒绝"的心理,并具备"拒绝他人"的技巧时,他就可以免于履行自己所不情愿履行的承诺。这样节省的时间将极为可观。在一些时候,敢于说"不"也是对他人的负责,因为,这时候别人可以寻求解决这些事务的更好的方法,从而达到更好的效果。

(三) 无端电话的干扰

电话的使用本来是旨在免除书写、面谈、开会,甚至可以免除旅途奔波所引起的时间浪费,但是,电话被普遍使用后却成为浪费时间的主要原因。当前,许多大学都开通了"校园网电话",学生在校内网络范围内可以免费通话,这样学生中"煲电话粥"的现象骤然增多,许多学生也会受到一些无端电话的干扰。

(四) 东西放置凌乱

许多大学生由于平时不注意自己生活用品的整理,因此把很多时间都用在了找东西上。据对美国200家大公司职员做的调查,公司职员每年都要把6周时间浪费在寻找乱放的东西上,这意味着他们每年要损失一个半月的时间。因此,在日常生活中,不用的东西要扔掉,不扔掉的东西要分门别类地保管好。

(五) 懒惰

有些大学生养成了不良的生活习惯,喜欢在早上没课的时候"睡懒觉",午休一睡就是一个下午,或周末躺在被窝里玩游戏……这样,宝贵的大学时光就在睡梦中或惬意中悄悄地溜走了。

(六) 做事没有连续性

做事时断时续是比较浪费时间的一种方式。因为重新投入学习或工作时,个体需要花费额外的时间重新调整大脑活动及注意力,才能在停顿的地方接着干下去。

(七) 做事拖拖拉拉

有些大学生需要花许多时间来思考要做的事情,找借口来推迟行动,又为没有完成任务而悔恨。在这段时间里,他们本来可以完成任务,却在拖拖拉拉中延误了。

(八) 消极情绪

消极情绪会使人过于关注自己的内心感受，从而导致干劲不足和学习效率的下降。对人怀有戒心、妒忌、明争暗斗、愤怒等，或者对自己学习、生活环境的不满，这些心理或情绪会阻碍学生的正常生活，进而对学业产生较大的影响。

(九) 一个人包打天下

提高效率的最好方法，莫过于寻求其他人的协助。把任务分配给其他人或授权他们去干好，不仅能够节省你自己的时间，而且这样每个人都是赢家。反之，一个人承包所有的任务，不仅使你自己筋疲力尽，而且别人也可能因为没有机会参与而对你心存不满。

二、让生命长河绽放光彩——时间管理的成功法则

在认清自己在时间管理中存在的误区之后，可以利用以下十个法则来改善自己的时间管理。

(1) 立刻处理，适时委任和即刻放弃。
(2) 每日行事，认真规划。
(3) 程度划分，重要先做。
(4) 生活点滴，首重平衡。
(5) 重视达成，追求卓越。
(6) 掌握实际，控制拖延。
(7) 珍视时间，避免浪费。
(8) 掌握节奏，井然有序。
(9) 专心致志，事务确切。
(10) 学习场所，保持整洁。

三、让时间增值的奥秘——时间管理的技巧

目前，人们关于时间管理的理念已经经历了四代的发展。第一代时间管理的主要目的在于提醒人们切勿遗忘，着重利用便条和备忘录，在忙碌中自行调配时间和精力。第二代的时间管理注意到了规划及筹备的重要性，强调使用日历与日程表。第三代的时间管理除包含规划外，进一步讲求对事务的分类处理，按轻重缓急对事务进行优先解决。第四代的时间管理在第三代理念的基础上开始关注人的心灵领域，它强调个体要弄清楚哪些是自己

心目中最重要的事，注重个体内心的平静以及生活的井然有序，而不是只讲求效率。实际上，这四代的时间管理理念分别给人们呈现了不同的时间管理技巧，同时也代表了时间管理的不同层次，其中，第四代的时间管理技巧是居于最高层次的。透过这些不同层次的时间管理理念，我们可以看出它们的基本立足点——让时间有效增值。

有效地让时间增值的奥秘就体现在第四代的时间管理理念之中，那就是在自己所追求的核心价值框架内，按轻重缓急来处理事务。具体来说，在确定自己每一天具体做什么之前，需要问自己三个问题。

(一) 我将要做什么

明确哪些是非做不可，又必须自己亲自做的事情。对于非做不可，但不需要自己亲自做的事情，可以委派或授权给别人去做。

(二) 什么能给我最高回报

"最高回报"的事情是指符合"目标要求"或自己会比别人干得更高效的事情，应该把时间和精力集中在能给自己最高回报的事情上，即所谓的"扬己所长"。根据巴莱托定律，一个人应该用80%的时间做能带来最高回报的事情，而用20%的时间做其他事情。

(三) 什么能给我们带来最大的满足感

在能给自己带来最高回报的事情中，优先安排在自己心目中最为重要、能给自己带来满足感和快乐的事情。

在回答了以上三个问题之后，生活中事务的轻重缓急就比较清楚了。

心理知识之窗2-2　让时间增值的奥秘

一位教师为了使一名学生较好地掌握让时间增值这一技巧，就给学生用实例演示了"大铁桶里面的奥秘"。

在某大学，一名学生干部总是为自己因管理班级事务耽误学习而苦恼。这一天，他向一名心理学教授诉说了这个令他苦恼的事情。教授说，你今天回去准备一只铁桶，一些石块、碎石、细沙和水，明天下午3:00到办公室找我。第二天，这名学生带着准备好的东西来到了教授的办公室。教授对该学生说："这只铁桶最大的容积，象征着在一段时间内一个人的最大工作量。对于学生干部来说，碎石象征着既重要又紧急的事务(如教师布置的课后作业和练习、班级活动的组织等)，石块象征着重要但不紧急的事务(如需要阅读的书籍、班级活动的规划与安排等)，细沙象征着紧急但不重要的事务(如老乡聚会、某些必要而不重要的班级会议)，水象征着既不重要也不紧急的事务(一些可做可不做的杂事，一些不必要的应酬等)。教授一边说，一边画事务分类表给学生看。

第二章　规划你的大学生活——大学生活适应与发展中的心理调适

教授问："你通常偏重于处理哪一类事务呢？"学生毫不犹豫地回答："当然是碎石型的事务了。"教授又问："那么，石块型的事务呢？"

学生回答："我知道石块型的事务相当重要，可是没有时间顾及。"

于是，教授往铁桶里装满碎石，可是石块怎么也装不下去了。

学生说："我几乎都是这样。"

教授说："能不能换一种装法呢？"他把石块一一放进了铁桶，当铁桶里再也装不下石块时停了下来，问："现在铁桶里是不是再也装不下什么东西了？"学生点点头。

"真的吗？"教授不紧不慢地抓起一把碎石，放在已经装满石块的铁桶表面，慢慢摇晃，然后又抓起一把碎石……奇迹出现了，所有的碎石都放进了铁桶。

"现在铁桶里还能放东西吗？"教授问。学生吞吞吐吐地说："应该还……可以吧。"

"没错。"教授又捧起一把细沙放在铁桶表面，抖动铁桶……一会儿所有的细沙都装了进去。

"现在铁桶还能装东西吗？"教授又问。学生又不确定地说："还……可以吧。"

"没错！"教授又慢慢地将水倒进铁桶。水桶里的水也倒完了。

教授回到座位上，微笑着对学生说："你能告诉我，这只铁桶里有什么秘密吗？"

学生想了一会儿，高兴地对教授说："这是不是说，生活中的事务有轻重缓急，因此要对它们进行充分排序呢？""对，你很聪明！"教授点了点头说："这个试验告诉我们，如果你在时间安排上首先放入碎石、沙子以及水型的事务，那么你就再也没有时间处理石块型的事务了。而石块型的事务恰恰是你实现自己的人生目标所必需的。反之，如果你只完成石块型的事务，那么你还会有许多意想不到的时间来安排其他的事务。因此，要想做一名成功的大学生，必须根据自己的人生目标和意愿，分清石块、碎石、沙子和水，并且总把石块放在第一位。"

学生问："会不会因为石块耽误了碎石呀？因为碎石型的事务是紧急的。"

教授笑了笑说："你知道碎石是怎么来的吗？它是石块破碎而成的。偏重于石块型事务的人，他的碎石会很少；偏重于碎石型事务的人，他的碎石会源源不断。只有偏重石块型事务的人才是能成大事的人。"

学生高兴地说："老师，我知道怎么做了。谢谢老师！"

……

教授说："这就是让时间增值的奥秘！"

第三节　大学生涯规划的途径与方法

一、生涯规划的内涵与意义

(一) 生涯规划的内涵

"生涯"是指个人一生的发展与进步、前进的方向、生活之道、赖以营生的事业等。生涯规划又称职业生涯设计，是指个人与组织相结合，在对个人职业生涯的主客观条件进行测定、分析、总结的基础上，对自己的兴趣、爱好、能力、特点进行综合分析与权衡，结合时代特点，根据自己的职业倾向，确定自己最佳的职业奋斗目标，并为自己实现职业生涯目标而确定行动方向、行动时间和行动方案。其目的是帮助个人真正了解自己，为自己定下事业大计，筹划未来，拟定一生的发展方向，根据主客观条件设计出合理且可行的职业生涯发展方向。

(二) 生涯规划的意义

1. 生涯规划可以发掘自我潜能，增强个人实力

一份行之有效的生涯规划有如下作用。

(1) 引导你正确认识自身的个性特点、现有与潜在的资源优势，帮助你重新对自己的价值进行定位并使其持续增值；

(2) 引导你对自己的综合实力与劣势进行对比分析；

(3) 使你树立明确的职业发展目标与职业理想；

(4) 引导你评估个人目标与现实之间的差距；

(5) 引导你形成前瞻与实际相结合的职业定位思维，搜索或发现新的或有潜力的职业机会；

(6) 使你学会如何运用科学的方法采取可行的步骤与措施不断增强你的职业竞争力，实现自己的职业目标与理想。

2. 生涯规划可以增强发展的目的性与计划性

做好生涯规划可以提升成功的机会。生涯发展要有计划、有目的，不可盲目地"撞大运"，很多时候我们的职业生涯受挫就是由于生涯规划没有做好。好的计划是成功的开始，古人所云"凡事预则立，不预则废"就是这个道理。

3. 生涯规划可以提升竞争力

当今社会处在变革时代，到处充满着激烈的竞争。要想在激烈的竞争中脱颖而出，立于不败之地，必须做好自己的生涯规划。这样才能做到心中有数，不打无准备之仗。大学生先做好生涯规划，有了清晰的认识与明确的目标之后再把求职活动付诸实践，这样效果更经济、更科学。

二、生涯规划的目标与方法

(一) 生涯规划的目标

人的自我认识和探索是终其一生的活动，因此，生涯规划也是一个不断探索和整合的过程。大学生的生涯探索就是要增加生涯知觉，理清生涯发展方向，建立暂定目标，引导后续生涯探索，进而完成具体的生涯计划和准备。

在大学学习期间，各年级的发展任务不同，生涯规划也各有侧重。一般来说，表现为如下几方面的特点。

(1) 一年级为生涯初探期。这一时期大学生要对职业进行初步了解，特别是要了解与自己所学专业对口的职业或自己未来想从事的职业；还要提高人际沟通能力，增加接触社会的机会。大学一年级的学习任务相对来说不是很重，这一阶段大学生可以多参加一些集体活动、社团活动，增强适应能力，抓紧外语学习和计算机学习，打好学习学业基础。例如，多与高年级同学交流，学习他们的经验，增加对本专业的了解，尽快适应专业学习要求。

(2) 二年级为生涯定向期。这一时期大学生应考虑清楚未来的发展方向，了解相关的要求并以提高自身的基本素质为目标，通过参加学生会或社团组织，锻炼自己的各种能力，同时检验自己的知识和技能；可以开始尝试兼职、社会实践活动，拓展生涯平台。大学生最好能利用大部分课余时间从事与自己未来职业或本专业有关的工作，提高自己的责任感、主动性和受挫能力，提高英语口语能力，增强计算机应用能力，通过英语和计算机的相关证书考试；开始有选择地辅修其他专业的知识充实自己，但要注意不能忽视本专业的学习。

(3) 三年级为生涯强化期。这一时期大学生应在继续深造还是直接就业方面进行目标锁定，如果决定考研，就积极收集相关信息，确定报考的学校与专业，全身心投入到学习中，做好考研准备；如果希望出国，可多接触留学顾问，参与留学系列活动，准备考TOEFL、GRE，要注意留学考试资讯，向相关教育部门索取简章做参考；如果选择直接就业，就要努力学好专业课，提高求职技能，搜集公司信息，在撰写专业学术文章时，可大胆提出自己的见解，提高自己独立解决问题的能力和创造力。选择直接就业的大学生可参加和专业有关的暑期工作，和同学交流暑期工作中的心得体会，学习写简历、求职信，了解搜集工作信息的渠道并积极尝试；加入校友网络，多和已经毕业的校友联系，了解往年的求职情况。

(4) 四年级为生涯分化期。这一时期是决定个人发展目标的最后阶段——决定考研、出国深造或就业。大部分同学决定就业。对于这部分同学来说，首先，要检验自己已确立的职业目标是否明确，前三年的准备是否已充分；其次，开始毕业后工作的寻找，积极参加招聘活动，在实践中校验自己的积累和准备；最后，预习或模拟面试。同时，大学生还应积极利用学校提供的条件了解就业指导中心和院系提供的用人公司资料信息，进行强化求职技巧、模拟面试等训练，做好求职准备。

(二) 生涯规划的方法

1. 进行自我评估

在生涯规划过程中，自我评估是不可缺少的步骤。首先，正确的自我评估是大学生探索其职业倾向的基础，它关系到大学生是否能培养健康的自我意识，树立稳定的自信心。这是大学生对自身生涯规划的首要任务。不同的职业对人的性格有着不同的要求，大学生可以根据自己的职业倾向来培养和塑造与相关职业相匹配的职业性格。其次，培养自己的职业兴趣，兴趣是人们积极地接触、认知和研究某种事物的心理倾向。兴趣可以促使人以更积极的心态融入工作中。最后，要不断提高自己的职业技能，大学生在学校应积极参加各种社会实践，提高自己的职业技能，并对自己的能力有更清晰的认识。从宏观角度讲，大学生要对自身以外的环境以及各种类型职业性质进行分析和评价，包括了解各个国家的政策和国家制度、社会的稳定程度、市场的供需情况等。要考虑的微观的环境包括可选择的职业前景、职业的具体要求及能够获得的机会等。

2. 明确目标

生涯目标的设定是职业生涯规划的核心。一个人事业的成败很大程度取决于有无正确的目标。做出的抉择要以自己的最佳才能、最优性格、最大兴趣、最有利的环境等条件为依据，并通过设立的短期目标、中期目标、长期目标来逐步实现职业生涯的最大发展。

许多职业咨询机构在进行职业咨询和职业规划时经常采用所谓的五个"W"的归零

思考模式，即：(1)Who are you？(2) What do you want？(3) What can you do？(4) What can support you？(5)What you can be in the end？

第一个问题是"我是谁？"，是指对自己进行一次深刻的反思，把优点和缺点都一一列出来。第二个问题是"我想干什么？"，是指对自己职业发展的一个心理趋向的检查。第三个问题是"我能干什么？"，是指对自己能力和潜力的全面总结。第四个问题是"环境支持和允许我干什么？"，是指对主客观环境的深入调查，做出可行性分析。该模式认为，明晰了这四个问题后，就能找到职业目标的有利和不利条件。第五个问题是"自己确定的职业目标是什么？"，这一模式对大学生生涯规划目标起一定的指导作用。

3. 制订行动计划

行动是落实目标的基本措施。要采取什么方式去行动需要有具体、明确的计划，这样便于操作和检查。因此，大学生应该立即行动起来，制定出自己职业生涯发展的行动方案，把行动方案具体化，逐步实施。要记住，每天都要把行动方案摆放在自己面前，如果目标清晰并付诸行动，你的职业目标最终有一天就会成为现实。

4. 反省并修正目标

生涯规划不是一成不变的。随着社会的发展变化，人才标准的不断提高及个人的内在变化，生涯规划也要不断地进行修订与重新评估。其主要有两方面：一是对执行目标的行为进行督促与检查；二是对不适宜的规划进行及时的修订。修订的内容包括职业的重新选择、商业路线的选择、实施措施与计划的变更等。

面对一生中诸多的生涯目标，人们不一定都会经过完整的生涯规划历程，有的人是从个人特质出发来决定职业生涯目标的，或看重名誉声望，或看重经济收入，或者喜欢惬意的生活工作环境而兴起职业念头；有的人是从"教育与职业资料"角度来决定职业生涯目标的。如从杂志或其他传播媒体看到社会对一些职业的介绍，就萌生出自己的职业意向；还有不少人听从家长的建议，以毕业后有可能被安排较好工作的可能性来决定职业选择的，这些均是从环境的角度来决定生涯目标的。可见，人们决定生涯目标所注重的角度是不同的，但大体可以归纳为三方面(见图2-1)，即生涯规划是鼎足而立的"金三角"，这是美国伊利诺伊大学教授斯文博士提出的生涯规划模式。

图2-1表明，生涯规划的确立来源于"自己的特质"(自我)、"教育与职业资格"(教育/职业)、"自己与环境的关系"三方面。生涯目标决策要通过对三个要素的探索并在同时兼顾的情况下确定。在面对各种生涯选择时机时，要针对各种生涯资料和机会进行生涯评估，以形成生涯选择或生涯决定，进而以"择其所爱，爱其所择"的心态，承担生涯角色，得以实现自我。从这个理想模式上看，所谓的生涯规划就是指个人在生涯发展历程中，对个人各种特质和职业与教育环境资料进行生涯探索，掌握环境资源，以逐渐发展个

人的生涯认同并建立生涯目标从而达到自我实现。

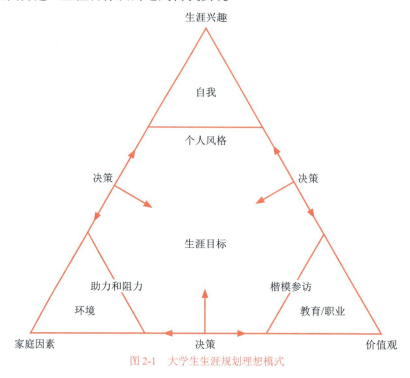

图 2-1　大学生生涯规划理想模式

·思考题·

1. 大学新生怎样适应新的学习环境？
2. 大学生如何有效管理时间？
3. 怎样才能做好你的大学生涯规划？

第三章 让学习更轻松
——聪明的学习者

· 本章提要 ·

本章主要使学生了解大学学习生活的基本特点与学习心理特点，了解大学生学习障碍的表现及成因，学习调适学习心理障碍，使自己拥有良好的学习心理状态。

案例链接3-1

李敏是大一新生，经过紧张的高考冲刺，来到大学校园这样一个全新的环境。那种万人争过独木桥后面对一片宽阔大草原的放松，那种进入大学后飘飘然的美好感觉，使她开始产生"船到码头车到站，喘口气，歇一歇"的想法，而对自己新的人生目标却一无所知。她学习时常常注意力不集中；课堂上不专心听课，或看小说，或打游戏，或者戴着耳机听音乐；课后沉迷于网络或逛街。近来，她甚至常常逃课。

你们是否有过类似于李敏的经历，是否也因此给自己带来不少学习上的烦恼？事实上，李敏在学习上出现的情况就是大学生"厌学"问题的真实写照。大学生厌学的具体表现是多种多样的，但总体上可归结为两种：一种是像李敏那样，缺乏明确的目标、理想，形成了"大学四年混一混"的心理，一味追求享乐和潇洒，得过且过，没有进取心和上进心；另一种则是因所学的专业并非是自己所爱，不爱学也不适应学，索性破罐子破摔，放松对自己的要求，不愿再努力奋斗。

第一节　大学生的学习心理及其特点

案例链接3-2

一位女大学生在心理咨询时谈到,自己很难适应大学的学习。和中学从早到晚的课时安排相比,大学里的上课时间分散,课余时间较多,可是又不知道该干什么,常常是不知不觉就过去了;上课时老师常讲述课本上没有的知识,来不及记笔记,甚至听不懂,作业大多是写论文和做设计,难度很大,学习成绩总上不去,尤其是高等数学和英语最感头疼。过去在读高中时,自己只要上课认真听讲,做好笔记,课后好好复习,学习成绩总是不错的,哪怕是有的内容较难,多看几遍或问问老师也就懂了,成绩不受影响,可自从上了大学,这一套却不管用了。

一、大学生学习活动的基本特点

上述案例中大学生的情况在不少大学生的身上都出现过,只是有的比较严重,有的比较轻微。大学和中学的学习不论在内容上、形式上,还是在结果评论上都有显著的不同,这也使得大学的学习方法和中学生的学习方法有明显的区别。因此,大学生需要根据自己的特点和对学习任务的认识,对大学的学习方法和学习过程进行必要的调整和控制。

大学生的学习活动与中学生以及一般成人的学习有所不同,它除了学习高等教育所要求的一般知识,还有许多自己的特点。

1. 较高层次的职业定向性

从党和国家的要求来看,我国大学生和其他各级学校学生在培养的总规格、总目标上应当是一致的,这就是要面向现代化、面向世界、面向未来,能够坚持社会主义方向,具有现代科学技术和经营管理知识,具有开拓精神,能适应现代科学文化发展和新技术革命要求,有理想、有道德、有文化、有纪律,热爱祖国和社会主义事业,具有为国家富强和人民富裕而艰苦奋斗的献身精神,不断追求新知识,具有实事求是,独立思考,勇于创造的科学精神。

在具体的培养规格上,党和国家对大学生提出了更高、更专门化的要求。他们的学习具有较高层次的职业定向,即要求他们通过高等学校的学习,将来走上工作岗位以后,能够马上成为某一领域或某一专业的高级专门人才。大学生所学的课程内容,是由培养目标决定的。培养哪一方面的高级专门人才，就相应地开设哪些课程。因此，大学生从入学起就有一个职业定向问题，并围绕一定的职业定向学习基础课、工具课和专业课，以及相应的选修课。各专业的课程设置，将影响大学生的知识结构和专业技能，影响他们投入实际工作的适应性。

2. 具有更大的主观能动性

大学生的学习应以自学为主，课堂教学为辅，学生在学习过程中应具备更大的主观能动性，从而获得汲取知识的方法。其主观能动性主要表现在以下几方面。

(1) 有更多的自由支配的时间。据调查，除上课学习外，大学生约有45%的学习时间可以用于自由支配。在独立学习时间内，大学生可以阅读各种参考书和文献资料，扩大并补充在课堂上所学的知识，从而不断提高自己的专业能力和知识水平。

(2) 学习内容有较大的选择性。除了必修课，大学生可以根据自己的需要、兴趣、特长等有取舍地选择学校所开设的选修课。据调查，大学生选择选修课的排序为：① 学科内容在实现自己理想过程中所占位置的重要性；② 学科内容本身的深刻性、理论性具有吸引力；③ 毕业后工作需要；④ 自己在某方面学习成绩突出；⑤ 任课教师讲授具有艺术感染力。

(3) 发挥更大的主观能动性。高等学校教学的许多环节，如学年论文(设计)和毕业论文(设计)等，最能体现大学生的创造性。大学生在这些教学环节中可以充分发挥主观能动性。

3. 学习途径的多样性

课堂教学虽然还是大学生学习的主要途径，但已不像中学教学那样几乎是唯一的途径。除了课堂学习，大学生可根据自己的需要通过网络(或图书馆、资料室等)查阅资料，也可以听各种学术报告或讲座，还可以按照教学大纲的要求，完成实验室的实验并写出实验报告；在高年级的学生中，有些同学还要参加或协助教师的科研工作。除了校内的多种学习途径，他们还可以尝试走出校门，搞社会调查及咨询服务等。这些都是大学生学习的重要途径。

4. 具有研究和探索的性质

与中学生的纯粹接受知识的学习方式不同，大学生的学习不单纯是接受知识、掌握知识，更要了解科学知识形成的过程，了解和掌握科学研究的方法。在学习过程中，对一些"知识"、一些问题要重新思考，研究它们存在的合理性及科学性，并根据新的知识和方法，对其进行重新论证，尝试解决问题的可能性，甚至对未知领域进行探索。大学生的研究成果体现在他们的学年论文(设计)和毕业论文(设计)之中，有的发表在科研杂志上。大学生学习的这种研究和探索的性质，正是大学教育培养高级人才的关键所在，正如爱因斯坦曾经说过的那样："高等教育必须重视培养学生具备会思考、探索问题的本领。"

二、大学生学习态度及其特点

(一) 学习态度的含义

所谓学习态度，是指学生对于学习的看法和情感以及决定自己行动倾向的心理状态。学习态度与学习动机是紧密相连的，一般来说，学习动机是学习态度的基础，学习动机明确而强烈，则学习态度积极而坚定；学习动机模糊而微弱，则学习态度消极而不稳定。

心理知识之窗3-1　学习态度的组成因素

(1) 认识因素。它是指在学习过程中，学生对于学习目的、意义的看法。认识因素是学习动机与学习态度的联结点，是形成学习情感和行为的基础。

(2) 情感因素。它是指学生在学习活动中的情绪状态和情感体验，如积极或消极、喜欢或讨厌、愉快或不安等。情感因素一般来自认识因素，并巩固和强化认识因素；同时，情感因素又有相对的独立性，有时游离于认识因素之外，并对认识因素起消极或积极作用。

(3) 行为因素。它是指学生的学习行为倾向性的心理因素，即打算如何学习，如何达到学习的目的。某学生对学习一旦有了明确的认识和情感选择，他也就有了学习行为的基本倾向，因此，行为因素可以看作是认识因素和情感因素的结果。

在学习态度的三个因素中，情感因素是核心，起决定性作用。在一般情况下，学习态度的三个组成部分是统一的、协调的，如某学生的求知欲很强(认识因素)，喜爱所学的专业(情感因素)，努力进行学习(行为因素)。但在特殊的场合，学习态度的三个组成部分会产生矛盾，如某学生求知欲很强(认识因素)，但对自己所学专业缺少感情(情感因素)，因而在专业学习上十分消极(行为因素)。在后一种情况下，转变该学生对专业的感情是改变学习态度的关键。

学习态度对学习活动的影响主要体现在以下两方面。

首先，它是学习动机转化为学习行为的介质。学习动机是学习行为的心理动因，它是潜在的、内隐的，而学习态度则是朝外显行为迈进了一步，它是介于动机和行为之间的一种心理活动。

其次，学习态度能左右学习行为。积极的学习态度，会产生积极的、奋发向上的学习行为；消极的学习态度，则会引发消极的学习行为。

(二) 大学生学习态度变化发展的特点

大学生学习态度变化发展的特点如下。

(1) 学习态度趋于稳定。低年级大学生的思想观念尚未成熟，情绪情感的两极性表现也较为明显，反映在学习态度上则较多动荡，持续时间短，学习热情忽而高涨，忽而消沉。而随着年级的升高，大学生的思想认识趋于成熟，情绪情感也趋于稳定，学习观念已逐步成为其世界观的组成部分，学习态度趋于稳定和持久。

(2) 学习的主动性逐渐增强。如果说低年级大学生的学习态度尚有较多的盲目性和被动性，高年级大学生则在学习态度上表现出更多的主动性，他们更加清楚"为什么要学习""如何学习"等问题，也更加善于处理和把握学习过程中将会遇到的各种困难和变化，学习目的更加明确，学习效率也更高一些。

三、大学生考试心理的一般特点

考试是教学过程的一个组成部分。通过考试，推动学生对所学课程进行系统的复习，从而加深理解，进一步巩固和运用知识。大学生久经考场，照理说对考试已司空见惯，且能镇定自若，然而事实并非如此。考试是一种复杂的心理活动，它与老师命题的难易度，与考生的复习情况和平时的学习状况，与考生的个性心理特征等都有直接的关系。也就是说，不同的考生有不同的考试心理。

(一) 考试的难易度对不同的学生会引起不同的心理反应

如果命题太浅显，没有一定的难度，平时学习好的学生或复习比较好的学生，就会感到没意思，不能显示出自己的学习水平；而少数平时学习不好的学生或没有认真复习的学生，则暗自庆幸。如果考试难度比较大，平时学习好或复习好的学生感到兴奋和满意，因为这样就能反映出自己的真实水平，显示出个体学习水平的差异；而平时学习不好或没有复习好的学生则容易产生厌恶情绪，往往会由此埋怨老师命题太难。如果考试难度太大，则多数学生会反感，因为这种考试脱离大多数学生的实际学习水平，会使一部分学生产生畏难情绪，影响学习兴趣的培养。

由此可见，考试难度不仅决定分数高低，而且能左右大学生考试心理的变化。考试的难度过大或过小都会带来消极影响。实际上，大学生希望考试有一定的难度，即难度适当，命题要有梯度和灵活性。这样的考试才能既准确地体现学生的真实水平，又使不同学习程度的大学生都感到满意。学习比较差的学生可以完成基本题，取得一定成绩；学习中等的学生不仅能完成基本题，还可以完成部分较难的题，心理上得到宽慰；学习好的学生可以尽力发挥自己的才能，获得优异成绩，得到心理上的满足。

(二) 不同个性的学生在考试过程中会有不同的表现

考试过程中，我们经常看到这样一种现象：有的学生神情镇静自若，思维敏捷，注意力集中；而有的学生情绪过分紧张、急躁，连一些简单的试题也会出现偏差和失误。这种心理状态的差异在不同水平层次的学生中都存在，也就是说，无论是平时学习较好的学生，还是平时学习较差的学生，在考场上都可能有放松或紧张的心理状态。因此，学生在考试过程中的心理差异，不仅与命题难易度及学生平时的学习状态和复习情况有关，而且在很大程度上与个性心理特征有关。个人的意志、情绪、气质、性格对应试者发生重要的影响作用。自控力强、情绪稳定、性格开朗的学生一般具有正常的心理状态，他们有一定的焦虑和紧张情绪，却能神情镇定，精力充沛，冷静地思考问题，这种心理使他们的能力得到较好的发挥。这些学生在考试过程中有如下共同的心理特点。

(1) 综合思维能力比较强。由于大学生思维发展趋向成熟，逻辑思维能力有了很大提高，因此他们能运用学过的理论全面分析和综合概括问题，并力求完美地解答问题。

(2) 思维的灵活性比较大。在考试中他们思考问题时，表现出思维的灵活性和一定的独创性，思维活动效率高，记忆清晰准确。少数学生甚至出现超常心理现象，在考试中发挥的水平超过了平时的能力。

(3) 注意的稳定性比较持久。注意的稳定性标志着人在一定时间内对某种事物的注意力集中，并能进行高效的思维活动。考试时注意力集中，才能较快、较好地答题。大学生在考试中注意的稳定性是随年级上升而增长的。据实验，低年级大学生在考试过程中注意的稳定性一般能保持40分钟左右，而高年级大学生一般都能保持1小时以上。可见，相对而言，高年级大学生在考试过程中能够较长时间保持聚精会神地演算或解答问题。

第二节 让学习轻松而持久——学习动机的激发

作为聪明的学习者，要想在大学的学习活动中获得成功，需要把握以下三方面：第一，启动自己的学习动力系统，成为积极的学习者；第二，采用正确的学习策略，发挥学习的智慧；第三，学会科学用脑，发挥大脑的最大潜力。其中，学习动力系统保证了大学生学习的主动性和坚持性，学习策略保证了大学生采用合理的方法达到学习的最佳效果，科学用脑为大学生学习的正常进行提供了物质基础。然而，由于大学学习的独特性，大学生很容易在这三方面走入误区，从而引发各种学习障碍或学习困难。因此，在"学会学习"的过程中成长为一名聪明的学习者是大学生学习生活中的一项重要任务。

心理测试3-1　学习动机自我诊断测试

这是一份关于大学生学习动机的自我诊断测试表，一共有20个问题，请根据自己的实际情况，逐一对每个问题做"是"或"否"的回答。为了保障测试的准确性，请认真作答。

1. 如果别人不督促你，你极少主动地学习。
2. 你一读书就觉得疲劳与厌烦，只想睡觉。
3. 当你读书时，需要很长的时间才能提起精神。
4. 除老师指定的作业外，你不想再多看书。
5. 在学习中遇到不懂的知识，你根本不会想方设法地弄懂它。
6. 你常想：自己不用花太多的时间，成绩也会超过别人。
7. 你迫切希望自己在短时间内就能大幅度提高学习成绩。
8. 你常为短时间内成绩没能提高而烦恼不已。
9. 为了及时完成某项作业，你宁愿废寝忘食、通宵达旦。
10. 为了把功课学好，你放弃了许多自己感兴趣的活动，如体育锻炼、看电影与郊游等。
11. 你觉得读书没意思，想找个工作做。
12. 你常认为课本上的基础知识没啥好学的，只有看高深的理论，读大部头作品才带劲。
13. 你平时只在喜欢的科目上狠下功夫，对不喜欢的科目则放任自流。
14. 你花在课外读物上的时间比花在教科书上的时间要多得多。
15. 你把自己的时间平均分配在各科上。
16. 你给自己定下的学习目标，多数因做不到而不得不放弃。
17. 你几乎毫不费力就实现了自己的学习目标。
18. 你总是同时为实现好几个学习目标而忙得焦头烂额。
19. 为了应付每天的学习任务，你已经感到力不从心。
20. 为了实现一个大目标，你不再给自己制定循序渐进的小目标。

【结果解释】

上述20道题可分成4组，它们分别测试学生在四个方面的困扰程度：

1～5题测试学习动机是否太脆弱；

6～10题测试学习动机是否太急功近利；

11～15题测试在学习兴趣方面是否存在困扰；

16～20题测试在学习目标上是否存在困扰。

假如对某一组(每组5题)中大多数题目持认同的态度,则说明在相应的学习欲望上存在一些不够正确的认识,或存在一定程度的困扰。

计分:选"是"计1分,选"否"计0分,将各题得分相加,算出总分。

总分在0～5分,说明学习动机上有少许问题,必要时可调整。

总分在6～10分,说明学习动机上有一定的问题和困扰,可调整。

总分在14～20分,说明学习动机上有严重的问题和困扰,需调整。

一、学习动机的含义

学习动机是学习者将学习愿望转变为学习行为的心理动因,是发动和维持学习活动的内在力量,它反映了学习者的需要和愿望,并体现在意志行动的过程中。学习动机不是某个单一的因素,而是由多个因素组成的系统。这些因素根据其不同的特点,可分为以下几类。

(1) 根据学习动机产生的条件,可将其划分为内部动机和外部动机。学习的内部动机来源于学习者自身动力的驱使,例如:认知的驱动力——由于内心对新知识、新事物存在好奇心,驱使学习者去认识事物,探索、解决问题;兴趣的驱动力——符合自己兴趣、爱好的事物或者知识,更容易引发学习者学习的动机;成功的驱动力——获得成功的欲望和需要促使我们积极进取等。学习的内部动机的作用较为持久,而且能够使学习者处于一种积极主动的学习活动状态。学习的外部动机则是由外界的诱因所决定的,例如:老师们深入浅出、幽默风趣的教学方式,每学期的奖学金,"三好生""优秀学生干部"的评选等。学习的外部动机的作用往往较为短暂,因此,如果学习者完全是被这种学习动机所推动,那么学习活动也往往处于一种被动状态。

(2) 根据学习动机在学习活动中所起的作用不同,可将其划分为主导性学习动机和辅助性学习动机。在学习者的学习动机中必然有一种动机最为强烈、稳定,它制约着其他成分,决定着学习者的基本方向,被称为主导性学习动机;而其他不占主导地位的学习动机则被称为辅助性学习动机。主导性学习动机往往与辅助性学习动机同时存在,如有的同学学电脑是为了能通过网络更快、更好地获取各种信息知识,这是他的主导性学习动机,但同时他也有上网玩游戏、聊天等放松、娱乐的辅助性动机。

(3) 根据学习动机内容指向的时间不同,可分为近景性学习动机和远景性学习动机。近景性学习动机是指向近期的,与学习者的学习活动和个人目标直接联系的动机。它是由我们对学习的直接兴趣以及对学习活动直接结果的追求所引起的,如有的同学希望学习上取得高分,从而获得奖学金等;远景性学习动机则是与学习结果、社会意义相联系的动机，是社会的要求在学习者身上的反映，如为了将来在自己的专业领域内有重大贡献等。

二、当代大学生学习动机的特点

作为当代大学生，不仅要知道什么是学习动机，更要对自身的学习动机特点有所了解。西南大学黄希庭教授等学者对我国大学生学习动机的调查结果显示，大学生的学习动机具有以下特点。

(1) 在大学生的学习动机中，内部动机尤其是发展成才的需要始终占据首要地位，它对大学生的学习起到持久的推动作用。

(2) 受商品经济文化的影响，对个人利益的追求在学习动机中处于重要地位，表现在大学生对高报酬的追求上。

(3) 由于受传统文化及社会角色特征的影响，男女大学生在学习动机上存在差异。男大学生更重视对个人利益和社会利益的追求，较少害怕失败；而女大学生更多的是避免失败，较少追求成功。

(4) 随着就业的临近，毕业班的大学生比其他年级的大学生更注重求知和提高自身素质，对物质利益的追求有所下降。

(5) 不同类型学校大学生的学习动机也有所不同。例如，学业任务相对较重的工科和医科院校的大学生更害怕失败，求职进取心不是很重；而军事院校的大学生则侧重社会取向和个人成就，对物质追求不是很迫切。

三、激发大学生的学习动机

学习动机对学习活动的影响是巨大的，大学生有意识地培养自己正确的学习动机，对学习会产生不可估量的作用。具体而言，可从以下几方面努力。

(一) 确立高尚的优势动机

优势动机在学习活动中居于支配地位。因此，只有首先确立正确的优势动机，才能把握一个人学习动机的实质和发展方向。当代中国大学生的优势学习动机，应当是"献身于有中国特色的社会主义建设事业"这一富有时代特征和社会责任感的远景性动机。大学生胸怀这样的大志，就会有刻苦学习的持久动力。

(二) 激发认知性动机和成就动机

优势动机在一个人的动机体系中的地位是毋庸置疑的，但仅仅靠优势动机还不够。一个人的需要是多层次的，有远期，有近期。优势动机满足远期需要，但毕竟不是一时能获得的。因此，在实现远期目标的过程中，还需要一些满足近期需要的辅导性动机来衬托和强化。比如认知性动机、成就动机等内部动机，都会对远景性的优势动机起强化作用。

认知性动机是指外界输入的信息与学习者已有的认知结构期望之间产生不一致时，为了消除这种不一致而产生的行为动机。从认知心理学的观点来看，人是一个主动的信息加工系统，具有强烈的好奇心，从外界环境不断探索和收集信息，并试图将这些信息纳入自己的认知结构之中。因此，我们可以利用自身的这一"优势"，通过获取适量的信息，唤起学习的兴趣和注意。

成就动机是指激励着个体努力克服障碍、施展才能、为自己认为重要的或有价值的工作而乐意地去力求获得成功的一种内在驱动力。阿特金森(J.W.Atkinson)认为，成就动机由两种不同因素或相反倾向组成：一种称为力求成功的动机，即人们追求成功和由成功带来的积极情感的倾向性；另一种是避免失败的动机，即人们避免失败和由失败带来的消极情感的倾向性。我们可以发展自己的成就动机，来激发学习的动力。但这种个人的成就动机应当适度，应与追求社会进步结合起来，并服从于整个社会发展的利益。

(三) 适度调节学习动机强度

学习动机固然对学习活动起着发动和维持的作用，但这并不意味着学习动机越强，学习效果就越好。因此，学习动机作用于学习活动，有一个最佳水平的控制问题。按耶克斯—多德森定律，学习动机强度的最佳水平与学习课题的难易程度有关：在学习比较容易的课题时，学习效率有随动机强度的提高而上升的趋势，其最佳水平则为较高的动机强度；在学习比较困难的课题时，学习效率反而随动机强度的提高而下降，其最佳水平为低于中等水平的动机强度；在一般情况下，学习动机强度居中为最佳水平。

心理知识之窗3-2　　耶克斯—多德森定律

耶克斯—多德森定律是指，动机的最佳水平随任务的性质不同而不同：在比较简单的任务中，效率随动机的提高而上升；而随着任务难度的增加，动机的最佳水平有逐渐下降的趋势，如图3-1所示。

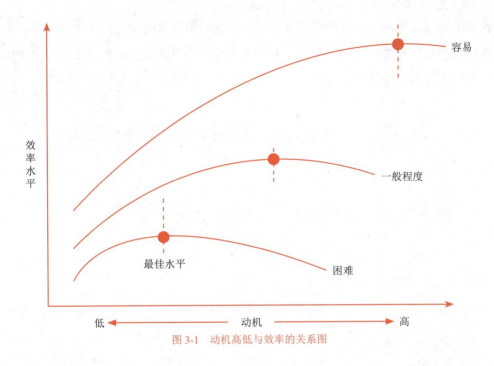

图 3-1 动机高低与效率的关系图

(四) 培养积极的学习情感

情感是态度的核心,是认识转变为行为的中介。因而把握学习态度,较为关键的是把握学习活动中的情感因素。培养积极的学习情感,可包括以下几方面内容。

1. 选择合理正当的需要

情感是在需要的基础上产生和发展起来的。一般来说,凡是与主观需要相符合,并能使之得到满足的事物,就会产生肯定的、积极的情感。如果我们将学习活动、求知欲望、为社会做贡献作为自己的优势需要,就会产生热爱学习、追求真理的情感。因此,在学习活动中,大学生必须明确学习目的,培养合理正当的需要,以利于激发积极的学习情感。

2. 认识的不断深化

情感是在认识的基础上产生和发展起来的。它与认识相互促进,认识越丰富、越深刻,则情感也会越丰富、越深刻;同时,情感又可以反作用于认识活动,对某一方面事物的情感适当与否,也会对认识活动产生促进或妨碍作用。因此,我们要学会用理智来支配情感,做情感的主人,以克服消极的情感,防止它们对学习活动产生不利影响。

3. 发展积极的情操

情操一般有情绪和情感两种形式,情绪是比较低级的情感形式,其表现形式有激情、心境和热情,统称为情绪状态。而情操则是一种习得的、比较高级的情感,其表现形式有理智感、道德感和审美感,统称为高级社会情感。在学习活动中,适当的激情、良好的心境和饱满的热情是积极的学习情感的重要保障，是取得学习成就的内在动因。在学习过程中，我们既要保持和激发良好的情绪状态，又要通过学习活动形成和发展自己的情操，以更加理智、主动的态度投入学习中去。

第三节　提高学习效率——科学用脑

一、提高学习效率的根本——科学用脑

资料卡3-1　神奇的大脑

大脑是我们的思维器官，结构和功能都十分复杂。从理论上讲，大脑可以贮存的信息量相当于世界藏书量最大的美国国会图书馆(藏有1000万册书)藏书量的50倍，即人的大脑可以贮存5亿本书的信息。大脑神经功能细胞之间每秒钟可以完成的信息和交换高达1000亿次。也就是说，处于激活状态下的大脑每天可以完整地记住4本书的全部内容。可见我们的大脑有着相当大的可开发资源，但目前大脑的潜能开发利用还不到5%。

学会科学用脑，才能使我们的学习达到事半功倍的效果。

1. 勤用脑，学习好

大学学习几乎都是脑力劳动，听课用脑，考试用脑，搞学问、做研究更是要用脑，不少同学在经历了一场期末考试或完成一份调查报告后，常常担心自己如此"大力度"地用脑，脑细胞会严重受损，然而事实并非如此。

资料卡3-2

据科学实验证明，人从20岁起，脑细胞每天要死掉约10万个。脑细胞的总数约为136.53亿个。这个数字在人出生时就固定了，一辈子中有减而无增。假如把136.53亿个脑细胞用10万去除，等于是13.653万天，合计374年。而在现实生活中，人类的寿命一般不会超过100年。因此，我们大可放心地使用大脑，而不用担心"脑细胞用完了怎么办？"另外，从"用则进，不用则退"的原理来说，脑子也是越用越灵，不用则退化萎缩。一位日本科学家发现，勤于用脑的人，脑血管经常处于舒张状态，使神经细胞得到良好的营养，大脑也就不会过早衰老。甚至，美国科学家还通过动物实验发现，经常动脑可使智力

水平提高。闻名遐迩的世界杂志之王——《讲谈社》创办人野间清治在其自传中写有这样一段话："我的工作可用两个字来概括，那就是'思考'。有关事务上的事，我是一概不插手的。也许，这在旁人看来，我是个终日游手好闲的人，但是，我一刻也未停止动脑、设想与思考。因此，我越到晚年，头脑倒越觉得清醒，常常会有妙计良策生出。"

因此，大学生勤用脑，不仅不会用"坏"脑子，反而会使头脑越来越灵活：在学习中，对课外知识吸收得更快、更多；对疑难问题反应越来越敏捷，思维更加清晰，解决的方法也更迅速有效。

2. 使用不当，大脑"罢工"

有的同学认为："我是常用脑，我甚至每天都在图书馆读书，可我不仅没觉得脑子变好用了，反而觉得自己越来越笨！"其实，脑子越用越灵是建立在合理使用的基础上的。如果你每周用脑时间超过70小时，那么，你已经用脑过度了。

在长时间用脑的时候，脑细胞代谢产生的自由基、乳酸等许多有害物质大量淤积，来不及清除，阻塞了大脑的营养吸收通路，造成血氧含量降低，血液循环不畅通，在脑部营养极度消耗的同时又阻碍了营养物质的有效吸收和利用，使人产生疲劳。这时，如果强制大脑继续工作，就超过了其能力的限度，大脑就会采取"罢工"的形式进行自我保护，完全处于休息状态，不再做任何工作，即产生大脑皮层的保护性抑制。

心理知识之窗3-3　"大脑罢工"现象

日本有一位心理学家曾做过一个著名的实验。这位心理学家的心算能力很强，他连续做了4天的乘法心算，采用的题目是4位数乘以4位数，每4题一组，每天做17组，共68题，每组做完后间隔1~2分钟。结果，他做第一组题时用了20分钟，而做最后一组题时却用了47.1分钟。实验表明，长时间紧张的脑力劳动，导致开始时的工作效率是最后的工作效率的两倍以上。因此大学生在勤用脑的同时，也要注意科学用脑，避免出现"大脑罢工"的现象，从而降低学习效率，影响学习积极性。

二、提高学习效率的关键——学会科学用脑

(一) 保证大脑的休息

大学生要重点保护大脑使其有充分的休息时间，这是使大脑细胞发挥正常功能的必要条件。休息的方式有如下几种。

1. 睡眠休息法

睡眠是各种休息中最重要的一种方式。当大学生们处于睡眠状态时，一方面由于大脑处于休息状态，因而对氧气和营养物质的消耗减少，废物和二氧化碳的生成自然也减少，通过血液循环，大脑源源不断地得到营养物质和氧气，又不断地把废物和二氧化碳运走，使经过一天学习的脑细胞从物质上得到更新，又恢复正常的生理功能。另一方面，当睡眠进行到一定深度时脑垂体中的一种激素分泌较多，这种激素可以促进大学生身体生长，调节体内的物质代谢。经过充足的睡眠，起床后会感到精神饱满，学习效率大大提高，这是大脑神经细胞机能状态较好的表现。有人用动物做实验，连续25天不让狗吃东西，只让它睡觉，结果狗还可以活着，而用人工的方法不让狗睡觉，经过五天五夜狗就死了。

2. 交替活动休息法

古人云："一张一弛，文武之道"，大学生们在大脑的使用上也必须遵循这个规律。

当同学们在进行某种脑力劳动时，大脑皮层只有相关工作区的神经元处于兴奋状态，其他工作区的神经元则处于抑制状态。当工作或学习的对象发生转换时，大脑皮层的兴奋区和抑制区也随之转换。这样，大脑皮层就出现了兴奋区和抑制区相互交替的活动方式。大脑皮层之所以能够长时间工作，兴奋区和抑制区相互转换是一个非常重要的条件，多种活动相互轮换，就可以使大脑皮层的各个区域得到轮流休息，从而保证大脑的工作效率。如果强制大脑某个区域长时间紧张工作，必然会导致这一局部高度兴奋，血流量加大，代谢加快，营养物质消耗增多，废弃物质堆积，从而影响大脑的工作效率；而此时抑制区域的中枢正"摩拳擦掌"、跃跃欲试地等待时机，如果大学生们能适时给工作区域一个休息的指令，让抑制区域"披挂上阵"，就可以两全其美，使营养物质均衡地分布在大脑的不同区域，具体方法如下。

(1) 学习和运动相结合。在持续一段时间的学习之后，大学生们不妨进行适当的运动。运动使在学习时基本上处于休息状态的躯体运动中枢开始"工作"起来，而与学习活动有关的神经中枢就处于抑制状态，得到了休息。这种积极的休息，既锻炼了身体，又使学习后疲劳的有关大脑皮层区得到了休息。

(2) 学习内容交替安排。大学生们还可以交替安排不同性质的学习内容。例如，学习英语后看历史，这样与历史学习有关的大脑皮层的神经细胞开始兴奋，而学习英语时处于兴奋状态的神经细胞就进入抑制状态，即休息状态。大脑皮层各有关区域轮流工作，轮流休息，可以减少疲劳的发生。许多有成就的科学家、革命者都懂得合理用脑，让大脑交叉兴奋。例如，马克思在写《资本论》时，常常是借助读外文和演算数学题作为休息；鲁迅在创作中感到疲倦时，就读点政治、经济、历史、地理、考古等方面的书籍。

(二) 保证学习生活规律

与周期性运动的自然界一样，我们的思维、情绪和各种器官运转也都有一定的时间节拍，人们形象地称之为"生物钟"。每个人都有属于自己的生物钟。如果把一天的学习、工作、劳动、锻炼、娱乐和睡眠等时间做出科学的安排，然后严格地执行，经过一段时间，前面的活动刺激就很容易成为后面活动的信号，建立起条件反射，使大脑皮层各区域的兴奋和抑制，或者说工作和休息比较协调、有节律。到时候就能入睡，到时候就能醒来，坐下来就能很快地进入学习意境。同学们如果将学习、生活的安排建立在科学用脑的基础上，长期这样有规律地生活，让各种活动的变换达到自觉的状态，就可以减轻大脑的负担，保证大脑的健康，大大提高学习的效率。

心理知识之窗3-4　生物钟

生物钟又称生理钟，是指生物生命活动的周期性节律。这种节律经过长期的适应，与自然界的节律(如昼夜变化、四季变化)相一致。植物在每年的一定季节开花，候鸟在每年的一定季节迁徙等，就是生物钟的表现。

许多大学生整个上午短期记忆效果好，这是因为，在夜晚睡眠过程中，大脑对前一天接受的学习进行了整理，加强了对有用信息的贮存，使杂乱无章的东西条理化，清除了大量"记忆垃圾"，比较容易接受新的信息，心理学上称之为不受前摄抑制的影响。另一些大学生晚上记忆效果好，这是因为夜里学习后，立即进入睡眠状态，大脑皮层转入长时间的保护性抑制过程，不再有新的信息来干扰已记忆的内容，因而记忆效果好，心理学上称之为不受倒摄抑制的影响。

那么，究竟怎样用脑效果最佳？这在很大程度上取决于个人的用脑特点和习惯。有研究者将人分为以下三种类型。一种是"猫头鹰型"。这种人每到夜晚脑细胞便进入兴奋状态，精神饱满，毫无倦意，如鲁迅先生、法国作家福楼拜都喜欢在夜间挥笔著文。另一种是"百灵鸟型"。这种人黎明即起，情绪高涨，思维活跃，如作家姚雪垠、数学家陈景润习惯在凌晨3点投入工作，俄国文豪托尔斯泰、英国小说家司格特也习惯于早晨写作。第三种是"混合型"。这类人全天用脑效率差不多，但相对而言上午8～10点和下午3～5点效率较高。就整个人群来说，混合型人是绝大多数，约占90%。

大学生大可不必时时刻刻都绷紧神经准备应战，搞得自己疲惫不堪，工作效率也不高，而应该根据自己的用脑特点和习惯，合理安排作息时间，将精力最为充沛的时间段分给最富有挑战性和创造性的工作。

第四节　大学生常见的学习障碍及调适

一、学习障碍对大学生的影响

(一) 学习障碍影响大学生的学习成绩

一般来说，大学生的学习障碍与其学习成绩密切相关：学习障碍越大，其学习成绩就越不理想；反过来，学习成绩越不好，其学习障碍也越大。但事实上并不尽然。有的大学生虽然有学习障碍，但其学习成绩并不一定差。大学生是否认为自己有学习障碍，主要取决于他们主观上对于自己学习效果的认知和评定，同时也与他们的学习动机、学习目的和自我期望程度等因素有关。

(二) 学习障碍影响大学生的抱负水平

有研究发现，在智力和抱负水平这两种因素的四种组合里，学习障碍的严重程度按照如下顺序递增：高智力低抱负；"低"智力(非智力低下，在这里是指不够聪明，学习方法欠佳)低抱负；高智力高报负，"低"智力高抱负。由此可见学习障碍与学习者的抱负水平相关极大。这是因为高抱负者注重自己的学习效果，关注别人对自己的评价，渴望得到他人赞扬，若得不到赞扬，则容易产生自卑感、失落感。而低抱负者对此并不太关心，故当其学习成绩不佳时，其心理障碍也不会很严重。

(三) 学习障碍对大学生情绪的影响

大学生的学习障碍不仅表现在知识上，如困惑不解，思维滞塞，还经常伴有明显的情绪色彩。当学习者面对学习中一时难以克服的困难时，会产生不同程度的急躁、烦恼、焦虑、冲动、紧张、忧郁等内心体验。

二、大学生学习障碍及其调适

(一) 大学生学习动机冲突及其调适

所谓动机冲突，是指个体在两个或两个以上的动机同时存在而又无法同时获得满足时所产生的左右为难、取舍不定的心理状态。动机冲突有双驱冲突、双避冲突、趋避冲突和多重趋避冲突四种。双驱冲突，这是一种"鱼和熊掌不可兼得"的、难以取舍的心理困扰。双驱冲突，即左右为难地逃避，但又必须接受其一的心理困扰。趋避冲突，进退两难的心理冲突，一个目标两种动机，好而趋之与恶而避之共存。多重趋避冲突是指对含有吸引与排斥两种力量的多种目标予以选择时所产生的冲突。

面对学习动机的冲突，大学生可采取以下方法进行自我心理调适。

首先，确立优势学习动机。大学生首先要弄清楚"为什么要学习"这个问题，掌握自己学习动机的实质和发展方向。这样才会有刻苦学习的持久动机，才能抵御其他动机的诱惑和阻碍。

其次，激发成就动机。大学生要充分激励自我，努力克服障碍、施展才能，为自己认为重要的或有价值的工作而努力追求成功。

(二) 大学生认知障碍及其调适

大学生的认知障碍主要有记忆障碍和思维障碍。认知障碍产生原因主要与大学生的学习兴趣、学习策略、学习方法、思维方式和用脑是否科学有关。如果对某门课程或专业缺乏兴趣，则其学习内驱力弱化，学习积极性下降。另外，学习方法和学习策略错误，思维方式偏差，亦会导致记忆和思维效率衰退。而违背人的生理规律，采用疲劳战术，没有科学地掌握记忆规律，或者由其他各种因素产生矛盾心理或严重挫折感，也会引起记忆障碍和思维障碍。

在对认知障碍进行自我调适过程中，很重要的一点就是培养学习兴趣。兴趣的发展是一个"有趣—乐趣—志趣"逐步深化的过程。首先要寻找发现"有趣"点。"有趣"是兴趣发展的低级水平，它往往是被某些外在的新异现象所吸引而产生的直接兴趣。其次，要善于从"有趣"点上引发出"好奇心"，逐步将注意力引向所学内容，进入"乐趣"阶段。最后，推动"乐趣"向"志趣"发展。"乐趣"是"兴趣"发展的终极水平，它是在"有趣"的基础上逐步产生而形成的，表现为基本定向、持续时间较长，但它还不足以推动个体为了某种目标而奋斗终生。只有当兴趣上升到"志趣"阶段，才会使个体全身心投入学习中去。

(三) 大学生注意力障碍及其调适

注意力是心理活动对一定对象的指向和集中。苏联学者加里培林认为注意具有三种功能：选择功能、保持功能和调节监督功能。当这三种功能同时发挥作用时，人的注意力是最集中的。一般来说，大学生注意力障碍主要表现：① 注意力的稳定性很差，难以长时间集中在特定的对象和活动上；② 注意力的稳定性极高，对某种观点固定不变也无法摆脱，不能转移注意力。

克服注意力障碍可以从以下几方面入手。

1. 注重培养浓厚的学习兴趣

人缺少兴趣，干什么都会变得索然无味，很难集中注意力。对学习产生浓厚的兴趣，就会在大脑皮层形成优势兴奋中心，使注意力高度集中。所以，培养学习兴趣是解决注意力不集中的关键所在，有了兴趣，学习才会有积极性、自觉性和主动性，从而使自己处于注意力高度集中的良好状态。

2. 调整好心态并养成注意习惯

在学习时只有心情放松，无所顾虑，才能专心。如果在学习时遇到没有处理完的杂事，把它记在备忘录上并列出计划，心理上就会很轻松。要学会利用意志排除干扰，在学习中经常自我提问，进行积极思考，会保持高度注意；学习积极暗示，"走神"时用自我暗示把自己拉回来，保持注意力的稳定。这些做法长此以往，久而久之，良好的学习注意习惯就会养成。

3. 通过科学训练强化注意力

我国年轻的数学家杨乐，小时候曾采用快速做习题的方法，严格训练自己，使注意力集中；伟人毛泽东也曾在闹市区静心读书来训练自己学习不受外界干扰的能力。如果大学生注意力不够集中，可有意识地进行强化注意力训练。

（四）大学生考试焦虑及其调适

考试焦虑，即在考试前或考试时出现心跳加快、血压上升、手足发凉、注意力不集中、思维僵化等现象，原本熟悉的知识却一时想不起来，甚至大脑一片空白，严重时会有晕场现象。有研究证明，绝大多数考生在临考前都有一定程度的紧张或焦虑，这属于焦虑反应，是正常现象，因为适度紧张可以维持考生的兴奋性，提高他们的注意力和反应速度，并增强他们的学习积极性和自觉性。但焦虑过度，则会形成心理问题，甚至形成心理障碍。

对考试焦虑的自我调适，可采用以下方法。

1. 改变认知法

改变认知就是纠正和改变对考试认识上的偏差，以调适焦虑心理。

首先，要从学习意义上来认识考试。考试不仅是对考生学习情况的检验，也是总结和检查个人学习情况的机会，考试结果不能代表一切，不必看得过重。

其次，要从发展变化的角度来看待考试成绩，每个人的考试成绩同其他事物一样，都不是绝对的，都是在发展变化的。一次考试成绩不好，不等于以后就考不好。

最后，要从检验自己真实水平的角度客观地认识考试，考得好有利于总结学习经验，考得不好也有助于查找学习差距；还要以平常心来对待考试，平时注意养成把作业当作考试的习惯，考试时就会放松心情，把考试当作作业来完成。

2. 调节放松法

心理学研究发现，人在肌肉放松时的情绪状态和紧张焦虑时的身心反应是相互对抗的，两者难以相容，一种状态的出现必然会抑制另一种状态的出现。所以，大学生可以通过训练诱发全身各部分的肌肉放松，以克制紧张焦虑的情绪反应，使身心达到一种泰然的境界。通过调息放松练习，可以使自己在短时期内得到放松。

3. 想象放松法

想象放松法主要是通过对一些广阔、宁静、舒缓的画面或场景的想象而达到身心放松的目的。这些画面和场景可以是海边、草原，想象自己躺在小舟里在平静的湖面上飘荡，或是曾经去过的一个最让自己感到心旷神怡的地方。总之，这些场景都是能让你心灵感到平静、愉悦的美好场景。想象放松法可以配合前面的调节放松法使用，效果会更好。

(五) 大学生学习心理疲劳及其调适

世界卫生组织报告中指出，心理疲劳正成为现代社会、现代人的"隐形杀手"。心理疲劳在大学生中的主要表现是学习心理疲劳，即是指学生在学习过程中表现出来的倦怠、厌烦、懒散、拖沓的精神状态，包括生理疲劳和心理疲劳。心理疲劳在生理上的表现是眼睛发痛、头脑发胀、腰酸背痛、打瞌睡等；在心理上的表现是感觉器官活动机能降低、思维迟钝、注意力涣散、情绪躁动、忧郁厌烦、学习效率下降、学习厌倦，甚至三天两头请假、逃课，或者对各种活动都不感兴趣。

造成学习疲劳的主要原因：学习负担过重、学习时间过长、学习强度过大；学习方法不当、学习内容单调、学习方法死板；学习目的不明确、学习兴趣不浓、学习动力不足等。可采取以下几种方法进行调适。

1. 科学运用大脑

大脑有左右两半球，左半球主要是抽象的智力活动，如数学、语言和逻辑思维等；右半球主要是形象思维，如音乐、色彩、图形、空间想象等。为了克服疲劳，左右两半球要交替使用，使大脑的各个区域轮流得到休息，以保证大脑的工作效率。同时加强运动，这样可以改善大脑的血液循环，增强脑的氧气供应，有助于记忆效率的提高，有利于大脑功能的发挥等。

2. 顺应生物节律

按照人体生物活动规律，上午7~10时机体生物钟处于上升状态，10时精力最充沛，是学习工作的最佳状态，此后逐渐下降，至下午5时又再度上升，到晚上9时达到最佳状态。因此，学习时间安排要顺应人体生物钟，使自己始终处于高效学习状态，这样才能提高学习效率，防止过度疲劳。

3. 学习的多样化

书本学习本身是枯燥单调的，如果多次重复学习某门课程或章节，易使大脑皮层产生抑制，出现心理饱和，产生厌倦情绪。所以，不妨将各门课程交替进行学习，努力改变单调、枯燥、重复性的学习程序，使学习形式保持多样化，这样就能通过交换刺激，使人始终保持兴奋状态，保持愉悦的感觉。

4. 会转移注意力

当你感到疲劳、学习效率明显下降时，要学会转移注意力，暂时停止学习，变换一下形式，注入一些活泼有趣的成分，如不妨做一做自己喜欢的事，或什么也不想，彻底放松自己。

5. 注意劳逸结合

大学生要懂得张弛的辩证关系，养成良好的生活习惯。一是留些时间给自己放松，哪怕只有几分钟，如在午休时让自己放松，若有足够时间可以小睡一会儿。二是参加文体活动，体育锻炼能有效转移思维紧张，提高机体的活力和精力。听音乐、跳舞等文体活动可以使紧张的神经得到调节，心理得到一些解脱和放松。三是按时睡觉、按时起床，保证睡眠时间，这是保护大脑、松弛神经、休整身心、恢复体力和精力的最佳手段。

· 思考题 ·

1. 大学生学习心理的特点是什么？
2. 当代大学生学习动机的特点有哪些？
3. 大学生如何调适考试焦虑？

第四章 提升你的人际沟通能力
——学会交往

·本章提要·

本章主要是使学生了解人际交往的意义、特点及类型，理解影响大学生人际交往的因素，掌握基本的交往原则和技巧，了解人际关系障碍的类型及调适方法，增强人际交往能力。

案例链接4-1　寝室里的冷热变故

2010年9月，某重点高校热门专业又迎来一批新同学。书宁、文茜、希亚、欣然（均为化名），四个来自不同地区的女生成为室友。大家一见面就觉得特别亲切，晚上的卧谈会上大家对本寝室的未来规划了很多美好蓝图，例如，大家要亲如姐妹、共同进步，打造本专业最温馨小窝。前两个月，也确实如此，大家一同上课，一同自习，一同就餐，好得像连体儿似的。可是一年后，情况却发生了很大的变化。

首先是才艺颇佳的希亚几次找辅导员老师要求调寝，否则就选择退学。她的理由是同寝室的其他三人出于嫉妒经常说其坏话。辅导员及时找到另外三位同学了解情况，结果颇感震惊，原来四朵金花的温暖小窝里还有那么多复杂的感受。文茜说，希亚经常不参与寝室的统一行动，自己也经常随声附和说希亚坏话，其实内心很纠结。而书宁则说，自己上大学本有一些规则，但寝室里什么都要求步调一致，自己感觉很耽误时间和精力，没有自由，很压抑但又不好说出来。欣然来自父母离异、缺少温暖的家庭，因而特别看重寝室关系，要求大家彼此温暖，行动一致，而希亚对寝室渐渐脱离，自己特别看不惯。

总之，四个人都感觉对寝室关系和现状不满意，入学时的温暖和期待都找不到了，平时被这种变来变去、忽冷忽热的人际关系所困扰，影响了学习和生活。

亲爱的同学，这是发生在校园里的一个真实故事，从这个故事里你想到了什么？什么是人际交往？人际关系对个人发展有哪些意义？怎样才能提高人际沟通能力……让我们带着这些问题，一起走进开心课堂！

第一节　人际关系概述

美国著名学者戴尔•卡内基曾说过，一个人事业上的成功，只有15%靠他的专业技术，另外的85%则取决于人际关系。现实生活中，每个人都离不开人际交往，否则就会一事无成。人际交往是人类特有的需求，如果这种需求得不到满足，就会影响个人生活和事业的发展，影响个人身心健康。因而掌握人际交往的基本原则与方法，提高交往沟通能力，构建良好的人际关系，是当代大学生成才与发展中必然要面对的课题。

一、人际交往与人际关系

(一) 人际交往与人际关系的含义

人际交往是指人与人之间交流思想、沟通感情、传递信息的互动过程，是一种心理与行为的沟通过程，包括精神交往和物质交往。人际关系是在交往基础上形成的人与人之间心理的关系，表现为心理距离的远近，反映了交往双方寻求社会满足的心理状态。按照社会角色分，人际关系分为家庭关系、工作关系、社会关系等几大类。在人际交往基础上形成的人际关系由认知、情感和行为三个心理成分构成，其中以情感相悦和价值观相似为核心。

认知成分反映了个体对人际关系状况的认识，是人际关系形成、发展、改变的基础，具有唤起情感、控制情感和改变情感的作用。

情感成分是交往双方在情感上的满意程度和亲疏关系，是与人的交往需要相联系的一种体验，反映出对交往现状的满意程度。大学生人际关系极富有情感色彩，双方交往讲究情投意合，尤其是女同学，特别注重感情。

行为成分是交往双方外在的行为表现，如语言、手势、举止、风度、表情等，它是建立和发展人际关系的手段和形式。

任何人际关系都是这三种成分作用的结果。在人际关系过程中，以情感相悦和价值观相似为核心，这是人际吸引的两大心理机制，情感相悦主要作用于交往的前期，价值观相似则常作用于交往的后期。

(二) 人际交往和人际关系的关系

人际交往和人际关系，两者既有联系，又有区别。人际交往是人际关系实现的前提和基础，是人际关系形成的途径；人际关系则是人际交往的表现和结果。两者的区别：人际交往侧重于人与人之间联系与接触的过程和行为方式，人际关系则侧重于交往基础上形成的心理状态和结果；从时间上看，人际交往在前，人际关系在后；人际交往是一个动态的过程，人际关系具有相对的稳定性。

二、人际关系的一般类型

人际关系的一般类型包括以下几种。
(1) 主动包容式：主动与他人交往，积极参与社会活动。
(2) 被动包容式：期待他人接纳自己，往往退缩、孤独。
(3) 主动支配式：喜欢控制他人，能运用权力。
(4) 被动支配式：期待他人引导，愿意追随他人。
(5) 主动感情式：表现对他人喜爱、友善、同情、亲密。
(6) 被动感情式：对他人显得冷淡，负性情绪较重，但期待他人对自己亲密。

三、人际交往的理论

(一) 人际交往中的心理基础

人际交往的心理基础是什么？心理学家认为，个体进行人际交往的心理动因，从产生行为动机的心理需要来看，包括以下三方面。

1. 本能需要

人的交往需要是一种本能，这种本能是在发展进化过程中逐渐形成的适应社会生活的能力。例如，人类的祖先古猿的自我保护能力很低，需要采取集体行动，依靠集体的力量和智慧来保护自己。这样，经过漫长的进化和演变过程，古猿逐渐形成了集群的习性，并通过种族繁衍流传给后代。

社会心理学家赞·贝克斯勒等人研究发现，婴儿一出生就需要周围环境为其提供温暖、舒适、食物和安全，以保证其健康成长，通常母亲能为其提供这些需要。婴儿与母亲的交往是人类个体最早形成的社会性交往，影响着一个人后来人际关系的形式和人际关系的质量。人类天生就有与别人共处、交往的需要,这种本能需要促进了人际交往和社会交往,也只有在积极的交往中,保持一定的情感联系,形成亲密的人际关系,人才会有安全感和归属感。

2. 合群需要

心理学家沙赫特做过处于孤独状态下个体核心需要的实验。该实验先将被试分为高恐惧组和低恐惧组。主试者告知高恐惧组,将要参加的电击实验,在电击时会很痛,但不会留下永久性伤害;告知低恐惧组,电击时只有一点痛,感觉有轻微的震动,不会有任何伤害性后果。然后,在等待接受电击时,研究者逐个问他们,是愿意独自等待,还是想与他人一起等待。结果发现,当个体对周围环境缺乏了解、心情紧张、有高恐惧感时,倾向于寻求与他人在一起;而处于低恐惧感的情况下,这种合群的需要就并不那么强烈。实验结果如下:

条件	选择的百分比%			合群程度
	与别人待在一起	无所谓	单独	
高恐惧组	62.5	28.1	9.4	0.88
低恐惧组	33.0	60.0	7.0	0.35

沙赫特的实验研究结果证明,在社会生活中,每个人都具有合群需要,人际交往是人类个体满足自身合群需要的途径和手段。

3. 自我肯定需要

20世纪初,社会学家库利发现,个体对自己的认知是先从认识别人开始的。别人对个体的评价和态度,就像一面镜子,使个体从中了解自己,并形成了相应的自我概念。心理学研究还发现,个体总是选择一些自己愿意在心理上接受的群体与自己进行比较,把自己的态度、价值观和行为都与之对照,并接受这些群体对自己的影响。这种自我肯定需要的实现,离不开社会交往,只有在与他人交往中才能与他人进行比较,才能在别人的评价中更好地认识自我。

(二) 人际需要的三维理论

社会心理学家舒茨提出了人际需要三维理论。他认为,个体在人际互动过程中,都有三种基本的需要,即包容需要、支配需要和情感需要,这三种基本需要的形成与个体的早期成长经验密切相关。

1. 包容需要

包容需要是指个体想与人接触、交往隶属于某个群体，与他人建立并维持一种满意的相互关系的需要。个体在早期的成长过程中，如果社会交往的经历少，与父母之间缺乏正常的交往，与同龄伙伴也缺乏适量的交往，包容需要没有得到满足，就会与他人形成否定的相互关系，在行为表现上倾向于与人保持距离，拒绝参加群体活动。如果个体在早期成长经历中社会交往过多，包容需要得到充分满足，就会形成超社会行为，在人际交往中会过分寻求与人接触，寻求他人的注意。如果个体在早期能够与父母或他人进行有效的、适当的交往，就不会产生焦虑，就会形成理想的社会行为。

2. 支配需要

支配需要是指个体控制别人或被别人控制的需要，是个体在权力关系上与他人建立或维持满意人际关系的需要。支配需要的行为特征是支配与依赖。每个人都有支配他人的欲望，也都有依赖于他人的心理，只不过是这种支配和依赖心理的强弱不同而已。在交往过程中，只有一方力图支配对方，而对方需要依赖另一方时，才能建立比较稳定的人际关系，否则就会发生冲突或者疏远。专制型行为方式的个体，倾向于控制别人，反对别人控制自己，喜欢为别人做出决定；服从型行为方式的个体，表现为过分服从、依赖别人，不愿意对任何事情或他人负责任，在与他人进行交往时甘愿当配角。

3. 情感需要

情感需要是指个体爱别人或被别人爱的需要，是个体在人际交往中建立并维持与他人亲密情感联系的需要。个体在早期经历中没有获得爱的满足时，就会倾向于在情感世界深处与他人保持距离，在行为上总是避免亲密的人际关系。若个体在早期经历中被过于溺爱，就会形成超个人行为，表现出强烈的寻求爱，过分希望自己与别人有亲密的关系。在早期生活中经历了适当的关心和爱的个体，能适当地表现自己的情感和接受别人的情感，不会产生爱的缺失感，能够与他人建立亲密的关系。

(三) 人际关系中的心理效应

1. 首因效应

首因效应也称为"第一印象"，是指初次给人产生的知觉印象，往往最为鲜明和深刻，并对以后的认知产生较大的影响。我们常说的"先入为主"指的就是这种现象。这种"第一印象"虽然不一定是真实可靠的，但它却是很重要的，对后来信息的理解有着较强的定向作用，甚至会左右对后来信息的认知。在交友、招聘、求职等社会交往中，利用这种效应，可以给人留下深刻的印象，为以后的交往打下良好的基础。"第一印象"产生的信息是有限的，人的认知需要随着事物的发展而不断深化。

2. 近因效应

近因效应是指人际交往中最后一次给人留下的印象，会对人的认知产生较大影响。这种印象也往往比较深刻，会在人的脑海中存留很长时间。多年不见的朋友，在自己的印象中最深刻的往往就是临别时的情景和印象。在与朋友分别时，给予朋友良好的祝福，你的形象就会在朋友的心中美化起来，这就是近因效应的结果。近因效应就是心理学上的所谓"后摄"作用。首因效应与近因效应看起来似乎有些矛盾，其实这是一个问题的两个方面，两者都发挥着各自的作用。第一印象很重要，最后印象也不可忽视。在同陌生人的交谈中，首因效应作用比较明显，在同熟悉的人交往中，近因效应作用比较明显。

3. 光环效应

光环效应指的是在人际交往中，人们常把对方所具有的某个特性泛化到其他特性上。例如，当一个人对某人有好感，他的优点就像有一种光环在围绕着他，很难感觉到他的缺点，这种心理现象就是光环效应。所谓"情人眼里出西施""一俊遮百丑""一好百好"，说的就是这种光环效应。在光环效应下，一个人的优点一旦变为光环被扩大，其缺点就隐退到光环背后；相反，一个人的弱点变为光环被扩大，他的优点也容易让人视而不见。

4. 投射效应

投射效应是指人际交往中形成对别人的印象时，总是假设他人与自己有相同的倾向，把自己具有的某些特性投射到他人身上。"以小人之心，度君子之腹"，就是典型的投射效应。投射效应容易形成认知障碍，对他人的情感意向往往会做出错误的评价。比如，一个心地善良的人，会以为别人都是善良的；一个心怀叵测的人，就会觉得别人也在算计自己。

四、人际关系的功能与作用

（一）促进人的身心健康

人人都需要安全感和归属感，需要与他人共存，需要别人的理解、支持和鼓励，需要人与人之间的密切交往。"与朋友分享快乐是加倍的快乐，有朋友分担的痛苦是减半的痛苦。"通过交往可以获得友谊、支持、理解，增强自信与自尊，促进身心健康。如果人际交往的需要得不到满足，则会引发挫折感、引发内心的矛盾与冲突、引发情感上的孤独与空虚，带来不良的情绪反应，导致心理障碍。

（二）促进个性发展与完善

马克思指出："一个人的发展取决于和他直接或间接进行交往的其他一切人的发展。"一个人的成长发展是在一定的社会关系中实现的，是通过人际交往来体现的。人们在交往中可以学习他人的专长、才能和经验；学会如何认识自己和评价自己；学会如何尊重、理解和帮助他人。一些道德规范、价值观念、行为准则，就是在交往中被逐渐掌握并用于调整自己的认知和行为的。在与他人的交往中，可以取长补短，完善个性，形成与他人不同的个性特征。

(三) 促进和学习信息交流

人际交往具有学习知识、传递信息的功能。大学生年龄相仿，经历相似，相互间有着强烈的情感共鸣和高度的心理相容，在交往中可以互相学习、互相效仿、互相帮助，这是个体成长的重要条件。因此，积极的人际交往与和谐的人际关系能激发学习潜能，提高学习效率。在人际交往中获得的信息比从书本上获得的信息更广泛、更直接、更快捷，更有助于增进各种信息交流。著名科学家爱因斯坦曾说过，他的创造性思想主要来自与别人的交谈，在许多情况下，和别人交谈时，自己百思不解的问题，突然得到启示，产生灵感，并得以解决。一个善于学习的人，会通过各种交往来获得自己需要的信息，不断丰富自己的信息量。

(四) 促进人的社会化进程

每个人都是社会的成员，都希望自己有所归属，希望被朋友接纳、关心和理解，希望在社会上被他人敬重，这种需求主要是在人际交往中实现的。人际交往是社会化的起点，随着个人的成长发展，交往范围不断扩大，交往内容逐渐深化，交往形式日趋多样。因而保持良好的人际交往，可以更好地了解社会、融入社会、丰富社会经验，更好地了解社会和他人对自己的要求和期待，更好地按照社会要求规范自己的行为，促进自己的社会化进程。

第二节　大学生人际交往的特点及影响因素

一、大学生人际交往的特点

(一) 开放性

大学生的交往随着社会生产和经济生活的变化，也发生了变化，这种开放性表现在以下几方面。

1. 对异性的开放

由于生理发育的日益成熟，大学生对异性产生好感是很自然的事情。不过与以往的大学生相比，现在的大学生对异性交往的认同度更高。

2. 对不同文化的开放

对外开放和招生体制改革使得同一高校的学生往往来自不同的地区，甚至不同的国家。这使得学生之间在语言、生活习惯和信仰等方面表现出很大的差异性。

3. 对社会的开放

就业机制的改革把当今大学生推向市场竞争的最前沿。为了在就业市场的竞争中取胜，当今大学生都尽量扩大社会交往面。这种开放性使大学生人际关系不但涉及的主体数量更多，而且所涉及的主体空间范围更广，从而形成一个巨大的网络。

(二) 多层次性

由于消费水平和对生活的期望不同，贫困家庭的学生和富裕家庭的学生在交往中形成不同的群体。家庭经济贫困的学生在日常生活中常显得谨小慎微，在人际交往中更被动、内向。随着人际交往和人际关系主体的扩大，大学生与不同的人的交往频率和深度明显不同，形成更多不同层次的交际圈。在传统的寝室、班级、师生等交际圈之外，还有网友圈、兼职圈、合租圈等。在不同的交际圈中，交往主体间的认识了解程度、情感依赖程度和交往的稳定程度都表现出不同。表现出明显的不同，也因主体间个体接近程度的不同而形成不同的情感依赖程度的交往层次。

(三) 功利性

大学生的交际对象主要是老师和同学，这种校园内的人际交往关系无大的利害冲突，交往动机单纯，功利色彩淡，并带有一定的理想化成分。但市场经济与自主择业打破了象牙塔内生活的宁静。市场经济的利益交换原则、就业压力的骤增使大学生不再把人际关系仅仅当作一种满足心理需求的手段，而是把它看作日后就业的一种资源来储备。往往越是高年级的学生越注重人际关系对自己今后就业与发展的有利性。

(四) 不平衡性

由于贫困差距、出生地及家庭环境的影响，来自农村的大学生在社交状态整体情况上比城镇的同学差一些。一些来自农村贫困家庭的学生较为敏感，自尊心强，在经济生活的巨大压力下出现自卑、自闭等心理问题，表现出交往被动、不敢与人交往、不敢加入学生社团组织的状况。

二、影响大学生人际交往的一般因素

(一) 空间距离

人与人之间在空间的距离越接近，双方交往和接触的机会就越多，也越容易形成密切的人际关系。"远亲不如近邻"，说的就是空间位置距离近的优势。例如，同住一个寝室的同学，或经常在一起学习的同学，由于经常近距离接触，相互交往次数多，就会感到有共同的话题、共同的体会、共同的经验，容易建立密切的人际关系。

(二) 交往频率

人与人之间的思想交流、感情沟通、信息传递，都是通过交往实现的，交往频率直接影响人际交往的效果。一般来说，交往次数越多，越容易形成共同语言、共同态度和共同兴趣。交往次数过少的，则容易使情感逐渐淡薄，关系逐渐疏远。在正常交往中，要根据交往需求把握交往频率，如果交往过频，反倒引起对方的反感。

(三) 态度相似

人与人的交往中，态度具有核心作用，如果相互有相似的认知与价值观，就容易得到对方的信任、理解和支持，容易在彼此交往中很快适应。心理学家实验研究证明，在交往初期，空间距离是决定彼此交往较多的重要因素；随着交往的增多，彼此间的态度、价值观和个性特征的相似性，则比空间距离更加重要。

(四) 需要互补

个人需要的相互满足，是形成人际交往的前提条件。如果没有满足需要的期望，空间距离虽然较近，可能会"鸡犬之声相闻，老死不相往来"；一旦有了满足需要的期望，空间距离虽然较大，也照样会"天涯若比邻"。良好人际关系的形成取决于交往双方满足需要的方式和程度，如果双方的基本需要都能从交往中得到满足，人际关系就会融洽。

(五) 个性品质

个性品质影响着交往的态度、频率和方式。具有诚实、正直、开朗、热情、自信等个性品质的人，容易产生较强人际吸引力。为人虚伪、以自我为中心、嫉妒猜疑、固执孤僻、自负自傲等个性品质，就会影响正常的人际交往。

第三节　大学生人际交往原则及技巧

一、大学生人际交往的基本原则

人际交往是人与人之间的一种沟通与交流。马克思曾经说过："真正的友谊需要用忠诚去播种，用热情去灌溉，用原则去培养，用谅解去护理。"为了使你赢得良好的人际关系，在人际交往中需要遵循以下原则。

(一) 平等与尊重的原则

平等是建立良好人际关系的前提，尊重是个人自我实现的需要，平等与尊重是人际交往中最重要的基本原则。尊重包括自尊和尊重他人两方面。自尊就是在各种场合自重自爱，维护自己的人格；尊重他人就是尊重他人的人格、习惯与价值，承认人际交往中双方的平等地位。孔子曰："己所不欲，勿施于人。"尊重别人，就是尊重自己。人无高低贵贱之分，每个人的人格尊严，都应当得到他人和社会的尊重。在交往的过程中，人人都是平等的，只有坚持平等相处，人际关系才能更加和谐。如果采取轻视的态度，居高临下，是难以形成良好的人际关系的。

(二) 真诚与信用的原则

真诚与信用是指一个人诚实无欺、信守承诺。有人把诚信比作第二张"身份证"。它是人际交往中最有价值、最重要的一种品质，是人际交往得以继续和深化的保证，是和谐的人际关系的基础。美国一位心理学家曾做过这样一个调查：列出555个描写人品的形容词，让大学生指出哪些人品最让他们喜欢，哪些最不喜欢，结果学生评价最高的是真诚，评价最低的是虚伪。由此看出，人们在人际交往中最看重的是诚信。古人有"一言既出，驷马难追"的格言，现在则提倡以诚信为本，不要失信于人。在交往中，彼此只有真心诚意地交往，才能相互理解、相互接纳、相互信任。如果抱有某种明显的功利目的进行交往，或是"逢人只说三分话，未可全抛一片心"，就会使人际交往失去应有的价值。

(三) 理解与宽容的原则

理解和宽容是密切交往、维系友谊的重要原则，它要求人与人相处时，能设身处地地为别人着想，能够最大限度地理解别人，做到豁达、大度、宽容、忍让。大学生来自四面八方，每个人的生活习惯、性格特点各不相同，在日常生活中难免出现矛盾、误解，这时要采取宽以待人、严于律己的态度，学会换位思考，理解和宽容对方。

(四) 互惠与互利的原则

人际关系的基础是人与人之间的相互重视与相互支持,人际交往必须遵守互惠与互利的原则,即交互原则。这种交互原则强调的是人际交往行为的相互对应。人际交往是一种双向行为,是一个互动过程,故有"来而不往非礼也"之说。任何一种交往都出自双方的需要,只有互惠互利,才能双方受益,才能达到双赢,做到可持续发展,如果一方长期受损,任何一种交往也不会关系长久。这种互惠与互利不仅是物质上的,更是精神上的,不只是金钱与财物,更多是情感与尊重,因为人们都希望在人际交往中获得知识,得到关心、支持和帮助,或是找到情感依托。

(五) 独立与协作的原则

人际关系对每个人诚然很重要,但人格的独立依然是良好人际关系的基础。《论语》中提到:君子和而不同,小人同而不和。这句话可以理解为君子既有独立人格,不盲从,也有合作精神;与人团结而不相互勾结。相反,小人为了一时利益可以暂时狼狈为奸,但并不真的团结。在与人交往中,要遵循独立与协作的原则,既保有自身的独立性,不过分依赖人际关系,不对他人怀有太高期望,同时也要避免过分清高和孤立。

心理知识之窗4-1　　黄金规则

美国著名心理学家艾利斯是合理情绪疗法的创始人,关于如何拥有积极的情绪,他提出了一条"黄金规则",即"像你希望别人如何对待你那样去对待别人"。也就是说,你希望别人怎样对待你,你就怎样对待别人。而在现实生活中,许多人并不知道或者不会运用"黄金规则",他们存在这样的观点:"我对别人怎样,别人就必须对我怎样!"这恰恰是所谓的"反黄金规则"。

人际交往中遵循作用力与反作用力的原则,你用什么样的态度对待他人,便决定了他人用什么样的态度来对待你。

二、大学生人际交往的方法与技巧

人际交往与沟通不仅是一门学问,也是一门艺术,需掌握一定的方法与技巧。

(一) 留下美好的第一印象

任何人际交往都是从第一印象开始的。第一印象往往很鲜明,影响深远,直接决定着交往发展的方向,并在以后的交往中起到心理定势作用。如果给人留下诚恳、热情、大方的印象，交往就有基础，交往关系就能发展；相反，如果给人留下虚伪、冷漠、呆板的印象，别人就不愿意接近。有的男女青年交朋友，就是因为"第一印象"不好而告吹；有的人去应聘，就是因为不注意第一印象而遭到拒绝；还有的人新到一个地方，也会因为不注意第一印象而给以后的交往带来不少麻烦。当然，第一印象不一定很准确，但由于首因效应的存在，可以利用第一印象的作用，使交往有一个良好的开端。

给人留下美好的第一印象，就要注重自我形象的塑造，注意自己的外在形象，从仪表风度做起，衣着整洁，仪态大方，语言不俗，举止得体，讲究文明礼貌，充分展示自己的内在气质和修养。给人留下美好的第一印象，尤其要有真诚的为人态度，交往中用朴实的谈话方式和真诚的语言来赢得对方的信任和尊重，切忌虚情假意、夸夸其谈、言不由衷、转弯抹角，不能留下让人讨厌的第一印象。

(二) 善于用心倾听

所谓倾听，是指全身心地听，不仅用耳朵，还包括所有的感官，尤其是要用心去听。倾听是一种最好的了解别人的方式，因为倾听本身就等于告诉对方，你是一个值得尊重的人，让他人感受到关怀与理解，同时也能充分了解他人的需要、能力与动机，从而促进彼此交往，加深彼此感情。倾听中应该掌握如下一些技巧。

(1) 精力集中，表情专一，经常与对方进行目光交流。

(2) 不时地赞许性点头、微笑，或不时地用"对""是这样"等语言回应对方，或重复一些你认为重要的话，鼓励对方继续讲下去。

(3) 不要轻易打断别人的讲话，以表示对他人的尊重，如有疑问，可以提一些富有启发性的问题，对方会感到你对他的话很重视。需要注意的是，无论与谁交往，不论对方地位高低、资历深浅、条件优劣，都要不卑不亢，用心倾听。

(三) 适时赞美他人

生活中需要赞美，因为人内心深处的最大需求是被认可，听到赞美会产生愉悦的心理感受。建议你用心地去发现他人优点，适时给予赞美，或者打个电话表示问候和祝福，或者发个短信表示感激之情，只需花费片刻工夫，却可以给他人带来快乐，也能为你的人际关系增加色彩。

(四) 学会友善拒绝

小品《面子》和《有事您说话》，形象而深刻地刻画了"爱面子"的人心理状态和被动局面。面对他人提出的你无法、无力或无暇办到的事情，应该勇敢而友善地说"不"。当然，拒绝别人的请求是件很棘手的事，需要讲究方法，具体方法如下。

(1) 做不到的事情要明确拒绝。拒绝别人时语气要温和，但态度要明确，要斩钉截铁,不要犹犹豫豫、含糊不清、吞吞吐吐,而要直接、坦诚、果断,该说"不"时就要勇敢地说"不"。切记,凡事迁就他人,最后不满意的会是你自己,后悔的也是你自己。

(2) 适当说出拒绝的理由。拒绝时,如果只是简单地说一句"我很忙"或"不行",可能会引起对方的误会或反感。最好是说明你不能接受的原因,说明不能帮忙的理由,即使是朋友请求的事,只要讲清理由,对方也会理解,这样既能表达自己的意愿,也不会妨碍以后的交往。

(3) 提供可替代的方案。说"不"不等于拒绝一切,应该体验请求者的心情,确立尽力帮助的态度,做到力所能及,在"有所为,有所不为"中学会拒绝与选择。对无法接受的请求,在拒绝的同时可以提供一些可替代的方案,供对方参考。

(4) 善于用幽默的方式拒绝。既要巧妙地拒绝,又不至于伤害朋友的感情,就要善于运用"语言武器"——幽默。许多社会活动家、外交家等都善于用幽默的方式来表示拒绝。

(五) 注重交往礼仪

(1) 注重外在形象。交往中要注意着装和风度,人们常说"三分长相,七分打扮",人的外在形象和风度是通过打扮体现出来的,是通过着装来展示的。人际交往中着装打扮要得体合适、美观大方,体现出个性和职业特点。

(2) 善用礼貌语言。交往中要热情地打招呼,主动寒暄、问候,获得对方好感,其中最简单、最好的办法是能记住对方的姓名与职务,再见面时能马上称呼出来,给对方以尊重感,缩短相互间交往的距离。交往中应该养成善用敬语的习惯,同辈之间多用亲切礼貌用语,对长辈、老师说话要尊敬,要有礼貌。

(3) 讲究交往礼节。言谈举止要做到礼貌待人,不要以为是小事而不在乎。比如,与人见面时主动热情地打招呼,在初次见面和公众场所,握手要讲究握手的顺序、方式、场合和避讳;递名片时应双手平递,正面朝向对方,以体现文明礼貌与风度;交往中拜访客人要有备而去,对一般拜访、请教拜访、探视拜访、突然造访和遣人拜访要有所区别,充分表达自己的情谊,尤其是刚进入一个新的单位,或与领导、同事初次相识,更要讲究交往礼节。

(4) 会用眼睛说话。眼睛是心灵的窗口,不光是人际交往中传达信息的来源,也是辅助人说话的最好帮手,它可以表达人的内心世界,有些场合用眼睛说话更富有吸引力。在跟别人说话时,要注意目视对方,这样可以加深与对方的交流,如果目光游移不定,对方就会感觉到不受重视,减弱交流的分量。

(5) 能用笑容交流。微笑能够带来一连串良好的身心反应,也可以吸引善意的目光,可以给人和蔼可亲、豁达开朗、轻松自在的感受,还可以增强自己和别人的自信。交往中要学会微笑地与人沟通,当然,这种微笑必须是真诚的,最动人的微笑是发自内心的愉悦。言谈举止是一个人内在气质、修养的表现，它不仅可以充分展示自己的人格与修养，还可以弥补自身的先天不足。一个善于修饰自己言谈举止的人，会赢得更多人的好感。

(6) 重视人际信誉。人际信誉是一个人在人际交往中拥有的道德品质。在细节中体现信誉能提升交往的吸引力。在朋友需要帮助的时候，给予自动自愿的帮助；尊重朋友的意愿；保守朋友的隐私；相互信任；给朋友感情上的支持；朋友不在场时，维护朋友的利益。

第四节　大学生人际交往障碍及调适

一、大学生人际交往的障碍及原因分析

(一) 大学生人际交往的障碍

大学生所处的学习环境、社会环境及自身发展条件，决定大学生的人际交往有着自己的特点。大学生人际交往的主要特点有以下几种。

1. 感情色彩浓厚，交往动机单纯，功利色彩较少

大学生交往比较重视感情的沟通和交流，并带有极大的理想色彩。

大学生交往期待交往双方真诚坦率，心理相融，彼此尊重，相互帮助。

2. 交往范围不断扩大

大学生随着交往方式的开放和交往内容的丰富，交往范围不断扩大，已经不局限于班级、系同学间的交往，不再受地域的限制，而是扩大到社会交往。

3. 喜欢同异性交往

大学生对异性间的交往有着强烈愿望。

但是，大学生在交往中也存在着交往不适的现象，存在着一些心理困惑或问题，具体表现为如下几方面。

(1) 交往平淡。自感缺少能互吐衷肠、肝胆相照、配合默契、同甘共苦的知心朋友，所以感到"曲高和寡""知己难求"，表现为挑剔、抱怨、容忍度低等。

(2) 不善交往。不知该如何让人接纳、信任、喜欢自己。不善于表达交往愿望，被动等待。

(3) 不敢交往。胆怯、害羞，担心失败。担心被拒绝，担心与人接近暴露自己的弱点和缺点，担心自己说话没有影响力，甚至担心寝室卧谈会时自己说的话题无人感兴趣等。

(4) 不易交往。个性较封闭、内向，防御心重，戒备心强，既不会主动接近别人、关

心别人,也不会侵犯别人,给人以高深莫测、难以接近的感觉。

(5) 不利交往。开始给人感觉不错,但由于种种原因使关系倒退。

(6) 不良交往。以不健康的心理需求与别人交往,表现出明显的功利性、控制欲、占有欲等。

(7) 不愿交往。个性或生性孤僻,或者孤芳自赏,清高孤傲。

(二) 大学生人际交往障碍形成的原因

大学生人际交往障碍主要有以下三方面的原因。

1. 认知偏差

一些大学生对人际交往从认知上存在以下几种偏差:我这么差劲,别人肯定没有兴趣和我交流;主动找人交往可能会使自己显得轻浮;男女之间只有爱情,没有友谊;我只有各方面都很优秀,才能被别人看得起;面对自私的人,我也应该自私;我必须与周围的每个人都建立密切的关系;应随时防备他人,言多必失;接受别人的帮助,必须立即给予回报;人都是自私的,不可信任的;别人都应该对我好;只有顺从别人,才能保持友谊;别人对我好,是想利用我或占我的便宜;有些人自私自利,他们应该受到指责和惩罚,我不能与他们来往;朋友之间应坦诚相待,所以不应该有保密的事;如果一个人对我不好,说明我的人际关系有问题。这些认知上的偏差从根本上阻碍了大学生发展正常的人际关系。

2. 个性缺陷

现在的在校大学生,大多是独生子女,在群体生活的环境里,他们的共同特点在人际关系中所带来的负面影响日益彰显。独生子女社会顺应性不强,适应能力差,容易形成孤僻、缺少热情的个性倾向,表现在人际关系中就是表面上活泼好动,内心实际上冷淡、不易动情;以自我为中心,要求别人注意,爱发脾气、爱自作主张,凡事先考虑自己的利益得失,不为别人着想,缺乏与人协同合作的精神,表现在人际关系中就是急功近利,见利忘义;依赖性强,自主精神和自主能力差,也缺少劳动自觉性。在寝室人际关系中,诸如打水、卫生值日等日常生活小事通常是引起矛盾的导火索。

3. 能力缺陷

能力缺陷表现为在认知上对人际交往有一定的向往,但缺乏人际交往的能力和技巧。交往语言的组织和表达不当,或者过于油嘴滑舌给人不信任感,或者直接快语出口即伤人,要么过于寡言少语缺少沟通而产生误会;交往距离把握不当,或者过于依赖,或者过于亲近缺少应有的尊重,或者过于疏离给人不好接近之感;交往界限划分不清,或者过于独占控制对方,或者多方交往缺少适度的忠诚,或者过于付出失去自我等。

二、大学生人际交往的调适

(一) 摆脱自卑心理

1. 自卑的含义

自卑是指个人认为在某些方面不如别人而轻视自己的心理感受。自卑的浅层感受是别人看不起自己，而深层的理解是自己看不起自己，其缺乏自信，常以忧郁、悲观、孤僻的形式表现出来。自卑感严重的人容易使自己孤立、离群。有自卑感的人实际上并不一定是自己在能力上真的不如人，而是有一种不如人的感觉，这种心理会阻碍他的人际交往。

2. 如何摆脱自卑心理

摆脱人际交往中的自卑心理，应该注意以下几点。

(1) 正确认识自己。努力发现自己的长处，把握自己的优势。最简单的方法是，在社交场合，经常提醒自己做到"六不"：不要过分地谦虚；不在乎别人的议论；不许说自己不行；不拿他人的标准看自己；不用自己的短处与别人相比；不怕一时的失败。

(2) 树立自信心。要做到这一点，最简单的方法是事先不过多预想失败结果，而要想一定会成功。每当你想躲避与人对话，拒绝参加聚会，羞于在课堂上或会议上发言，这时要坚定地提醒自己：我能行！我可以大方地与人交谈！我能交更多的朋友！久而久之，自卑心理就会消失殆尽，你也能够从实现小目标开始，不断坚定成功的信心。

(3) 积极的心理暗示。自卑的人总感到自己不如他人，害怕在公开场合让别人看到自己不如他人，这种感觉实际上是一种消极的自我暗示。要想摆脱自卑心理，首先要彻底摆脱消极暗示，以积极自信的暗示鼓励和肯定自己，不断鼓励自己"我还很不错！"。

(二) 消除羞怯心理

消除社交羞怯心理，可以从以下几方面加强训练。

1. 减少对自身表现的关注

过度关注自身的言行，总怕自己讲不好话，办不妥事，担心让别人看到自己的弱点和不足，反而会减弱逻辑思维能力和语言表达能力，加重原有的紧张程度，甚至出现语无伦次、手足无措的现象。大学生与人交往时，一定要从过度的自我保护心理中解放出来，不要刻意关注自己的表现，不要过多计较别人的评论，要开放自己的言行举止，抱定成功的信念，把注意力从内在转移到外在，这样就可以使自己的关切度逐渐减弱，让自己的交往活动更加顺畅。

2. 主动和陌生人交谈

俗话说：万事开头难。消除社交羞怯心理，要学会与陌生人交谈。在适当的场合，只要勇敢地讲出第一句话，迈出第一步，就不会像想象的那样紧张。大学生可以尝试从问候别人开始，主动同陌生人打招呼，寻找对方喜欢的话题，给予关心和问候，如排队时站在身后的人、候车室里坐在身旁的人、出租车司机、图书管理员、商店售货员等，都可以主动搭讪，或随便聊天。大学生有了这样的尝试，就会慢慢掌握怎样开始第一次谈话，怎样使谈话不断进行下去，怎样使谈话圆满结束，从中领悟谈话的技巧。

心理自助训练4-1　　如何说第一句话

(1) 正式或非正式地介绍自己。

这可能是最简单有效的开始交谈方式。当你面带微笑，看着对方的眼睛，大方地说："你好！我是文静，可以认识你吗？"也许对方会惊讶并有点窘迫，但是他不会拒绝你。

(2) 谈论环境与天气。

很多互不熟悉的英国人的谈话都是从伦敦的天气开始的。我们也可以这样。你刚参加了一个合唱团，练习间隙是不是可以很随便地跟旁边的女孩子说："今天可真热啊！以前都是从这个季节开始练习的吗？"

(3) 谈谈自己的想法或感受。

简单地表明自己的想法，也许能给双方找到一个开始交往的切入点。"这个展览搞得不错，让人特别向往那些地方，你呢？""我觉得今天这场电影女主角演得很真实，你觉得呢？"

(4) 谈论另一个人。

谈论双方都可能认识的另一个人，很多时候能够迅速找到彼此的共同点。"郭老师上课特别逗，你以前听过他的课吗？""你认识马威吗？我和他是一个中学的。"

3. 鼓励自己，敢于尝试

结交新朋友，或找陌生人办事，有可能不如意，也可能失败。出现这种情况时，一定要鼓励自己，勇于尝试，尽量去做，大胆出手！在日常生活和学习中，要鼓起勇气与新领导、新老师、新同学亲近，主动交谈，且不能满足于一次交往，要尝试第二次、第三次……如果有了这一次次的尝试与成功，自我肯定的模式就会逐渐形成，羞怯心理也就随之消失。切记，如果不成功，就看成是一次试验，再做进一步尝试；别人赞赏自己时，就大方地接受和享受。永远不要轻视别人的称赞。

三、克服嫉妒心理

(一) 嫉妒的含义

嫉妒是别人在某些方面比自己优越时,产生的羞愧、怨恨、敌意等复杂情感。嫉妒心理具有明显的指向性,即指向原来同自己处境相似,而后来比自己优越或超越自己的人。嫉妒心强的人,不是从自己的拥有中寻找快乐和安慰,而是从他人的拥有中感受失落和痛苦,对别人的才干和成绩不服气,生怨气,有时借机泄气,进行贬低、中伤和诽谤。被嫉妒者或是无所适从,或是反唇相讥,导致人际关系紧张。有许多名家对嫉妒进行了抨击,但丁说它是"灾星",培根称它是"恶魔",我国诗人艾青把它比喻为"心灵上的肿瘤"。嫉妒心理作为一种消极的情感体验是难以避免的,但它又是可以控制,能够克服的。

(二) 嫉妒心理的克服技巧

(1) 注意力放在自身优势上。有嫉妒心的人往往把注意力放在别人身上,同别人进行错位比较,扭曲地看待别人的才能、荣誉或地位,从而产生嫉妒,甚至心怀怨恨。如果你能有意识地把注意力放在发挥自身优势上,正视自己与他人的差距,不断寻找和发现自己新的价值,开拓自己的潜能,就可以使失衡的心理获得新的平衡,嫉妒心理也会随之减弱。

(2) 坦然对待别人的优点。"心底无私天地宽"。消除嫉妒心理,最根本的是去除私心杂念,改变原有的思维方式,从实际出发欣赏你的对手,列出他的优点,然后再问问自己:"这个人能让我学到什么?"在别人身上找到自己可以借鉴之处。

(3) 站在对方角度思考问题。当你置身于鲜花与掌声之中,更要谦虚谨慎,这样不仅能防止被嫉妒,而且还能从根本上调整自己。不妨来个角度置换,即站在对方的立场上,处理和思考这个问题,可谓"将心比心"。主动与人接触,不要在别人面前炫耀自己,以防在对方心理上造成威胁感。在感情上给予同情,在交往中给予接纳,实实在在地帮助别人,使他人感受到你的热情和真诚。这样才会增进彼此的信任和友谊。

(4) 要有宽容大度的胸怀。在遭到别人嫉妒时,千万不要采取针锋相对的态度,那样只能破坏自己的心境,空耗自己的精力,使人际关系不断恶化。"谁人背后无人说,谁人背后不说人。"出众者难免遭人嫉妒,被人嫉妒说明有过人之处,应该把它看作是别人对你的羡慕,把它当作一种推动力,进一步激发自己的潜能,大胆地追求新的成功!同时,还要从积极的角度感悟嫉妒者的初衷,以同情的心态体验嫉妒者的苦衷,以真诚的爱心去感化嫉妒者,以有原则的忍让来抑制无原则的争斗,这是根治嫉妒和猜疑的关键之举。

(5) 将适度嫉妒变为动力。每个人都或多或少有一些嫉妒心理。嫉妒心理也有积极的一面,适度的嫉妒心理是一个人荣誉心、上进心的折射,是可以改造的"动力源",与

"眼热"或羡慕一样,有一定的动力,可以升华或转化为理想和抱负。克服嫉妒心理,重要的是把嫉妒化为前进的动力,不让嫉妒消耗自己拥有的"能量",发现别人超越自己时,要以此为动力,通过自己顽强的意志和锲而不舍的努力赶超"对手",这样就不会再感到痛苦和烦躁,会感受到轻松和愉悦。

心理测试4-1　　人际关系自我诊断问卷

请仔细阅读下列16个问题。每个问题下有三种答案,请按照自己的真实情况任选其一。

1. 在人际关系中,我的信条是(　　)。

    A. 大多数人是友善的,可与之为友的

    B. 人群中有一半人是狡诈的,一半人是善良的,我将选择善良者而交友

    C. 大多数人是狡诈虚伪的,不可与之为友的

2. 最近我交了一批朋友,这是(　　)。

    A. 因为我需要他们

    B. 因为他们喜欢我

    C. 因为我发现他们很有意思,令人感兴趣

3. 外出旅行时,我总是(　　)。

    A. 很容易交上新朋友,并迅速打成一片

    B. 能交到朋友,但是话不多

    C. 想交朋友,但又感到很困难

4. 我已经约定要去探望一位朋友,但因为太累而失约了,在这种情况下我(　　)。

    A. 无所谓,我不在乎对方的感受

    B. 有些不安,但相信对方肯定会谅解我

    C. 想了解对方是否对自己有不满意的情绪

5. 我结交朋友的时间通常是(　　)。

    A. 数年之后

    B. 不一定,合得来的朋友能长久相处

    C. 时间不长,经常更换

6. 一位朋友告诉我一件极有趣的个人私事,我会(　　)。

    A. 尽量为其保密,不对任何人讲

    B. 根本没有考虑过要继续扩大宣传此事

    C. 当朋友刚一离开,随即与他人议论此事

7. 当我遇到困难时，我( )。

   A. 不到万不得已时，绝不求人

   B. 要找自己可信赖的朋友帮忙

   C. 通常找朋友解决

8. 当朋友遇到困难时，我觉得( )。

   A. 他们大都喜欢来找我帮忙

   B. 只有那些与我关系密切的朋友才来找我商量

   C. 一般都不愿意来麻烦我

9. 我交朋友的一般途径是( )。

   A. 经过熟人介绍

   B. 在各种社交场所

   C. 必须经过相当长的时间，并且还相当困难

10. 我认为选择朋友，重要的品质是( )。

    A. 具有能吸引我的才华

    B. 可以信赖

    C. 对方对我感兴趣

11. 我给人们的印象是( )。

    A. 经常会引人发笑

    B. 经常会启发人们去思考问题

    C. 和我相处时别人会感到舒服

12. 在晚会上，如果有人提议让我表演或唱歌时，我会( )。

    A. 婉言谢绝

    B. 欣然接受

    C. 直截了当地拒绝

13. 对于朋友的优缺点，我喜欢( )。

    A. 诚心诚意地当面赞扬他的优点

    B. 诚实地对他提出批评意见

    C. 既不奉承，也不批评

14. 我所结交的朋友( )。

    A. 只是那些与我的利益密切相关的人

    B. 通常能和任何人相处

    C. 有时愿与同自己脾气相投的人和睦相处

15. 如果朋友们和我开玩笑(恶作剧)，我总是(   )。

    A. 和大家一起笑

    B. 很生气并有所表示

    C. 有时高兴，有时生气，依自己当时的情绪和情况而定

16. 当别人依赖我的时候，我是这样想的(   )。

    A. 我不在乎，但我自己却喜欢独立于朋友之中

    B. 这很好，我喜欢别人依赖我

    C. 要小心点，我愿意对一些事物持冷静、清醒的态度

各题的计分标准如下：

1. A. 3、B. 2、C. 1
2. A. 1、B. 2、C. 3
3. A. 3、B. 2、C. 1
4. A. 1、B. 3、C. 2
5. A. 3、B. 2、C. 1
6. A. 2、B. 3、C. 1
7. A. 1、B. 2、C. 3
8. A. 3、B. 2、C. 1
9. A. 2、B. 3、C. 1
10. A. 3、B. 2、C. 1
11. A. 2、B. 1、C. 3
12. A. 2、B. 3、C. 1
13. A. 3、B. 1、C. 2
14. A. 1、B. 3、C. 2
15. A. 3、B. 1、C. 2
16. A. 2、B. 3、C. 1

[结果解释]

根据你所选定的答案，计算相应的分数，将16个问题的得分加起来。总分大致可以评定你的人际关系是否融洽。

如果你的总分为38~48分，人际交往中你是很受众人喜欢的。

如果你的总分为28~37分，说明你的人际关系并不稳定，有相当数量的人不喜欢你，如果你想受人爱戴，还得做很多的努力。

如果你的总分为16~27分，说明你的人际关系是不融洽的，你的交往圈子确实是太小了，很有必要扩大你的交往范围。

· 思考题 ·

1. 怎样理解人际交往？
2. 人际交往的基本技巧有哪些？
3. 人际交往中易出现哪些问题，如何避免？
4. 你在人际交往方面存在哪些问题？谈谈如何解决？

第五章 把握你的爱情航线
——恋爱中性与爱的心理调适

· 本章提要 ·

本章主要是使学生了解自身性生理和心理的发展，认识大学生恋爱心理的特点，了解大学生在性心理和恋爱心理方面存在的问题，形成对性心理和恋爱心理的正确认识。

案例链接5-1　关心不等于爱情

某高校小于与小王是老乡，小王比小于高一届。由于老乡的关系，小王常常帮助小于做这做那，非常照顾小于。小于渐渐地对小王产生了感情，一天见不着他就有失落的感觉。小于上课时常走神，饭也吃不下，觉也睡不着，同寝室的同学就鼓励她大胆地向小王表白。一开始她很胆怯，但在同寝室同学的一再鼓励下，小于终于鼓起勇气向小王说出了自己的爱。然而，她却遭到了小王的委婉拒绝。原因是小王一直把她看作小妹妹，像关心小妹妹一样照顾她。于是小于很失望，但并没有死心，还是千方百计地接近小王，甚至要奉献自己的"一切"。可这时小王却在有意地疏远她。小于承受不住这样的打击，心理出现了一种怪现象，只要有男生从身边走过，她就认为这男生是在关注她、议论她……从此，她再也不能认真听课了，考试一路"红灯"，没办法只好留级了。后来心理老师对她进行心理辅导，她才慢慢走出"单恋"的阴影。

亲爱的同学们，读完了这个"爱情"故事，你有什么感想？你知道什么是真正的爱情吗？如何表达爱？如果你爱她(他)，她(他)不爱你，怎么办？怎样让你所爱的人爱你？恋爱时性的冲动如何去把握……让我们带着这些疑惑，一起走进开心课堂。

第一节　大学生性心理的发展和性心理的特点

一、性与性心理

一个进入青春期的女孩，时常为自己身体发生的变化而痛苦，更为自己头脑中常常浮现出"性"情景而自责。一个风华正茂的男生，在给咨询师的信中写道："夜夜反复，我不知道这到底是快乐还是痛苦？日日苦思，这究竟是幸福还是灾难？这让我无所适从，只能在困惑中快乐，快乐之后又陷入自责，我实在是不知道怎么和您开口，因为我说的是与性有关的事。"看到这，你会有什么样的感受？实际上，这是对性知识缺乏了解的真实写照。

性的本质是人的自然属性与社会属性的统一。作为自然属性的性，是指男女在生理结构上的差异和与生俱来的性本能，它是人类繁衍、种族延续和社会发展的基础条件。作为社会属性的性，是指性的需要，不仅包括生理需要，更重要的包括社会性需要，人的性行为要受到社会文化、伦理、道德、法律的规范和制约。只有把性行为控制在社会允许的范围之内，人类自身才能健康生存和发展，社会才能安宁。

二、大学生性心理发展过程

青春期是个体从生理发育不成熟到成熟的转化时期，是儿童走向成年的过渡时期，其主要标志是性发育和性成熟。青春期年龄段一般在12～20岁。大学生正处于青春期后期。我国心理学家认为，青春期性心理的发展大体分为以下三个阶段。

(一) 异性疏远期

青春期开始的一两年，由于第二性征的出现，男女两性明显分化，性意识开始觉醒，引起心理上的羞涩和不安，出现了男女之间彼此疏远的心理。男女生界限分明，学习时不愿在一起，集体活动不愿意接触，碰面时都不敢主动说话，怕遭到同性伙伴的非议，有时甚至对异性产生反感。这种对异性的疏远，主要是性心理的朦胧感和羞涩感造成的，其实在疏远中潜藏着少男少女对异性的好奇感和神秘感。

(二) 异性接近期

进入青春期中期，青少年开始有性欲的体验和要求，对性产生好奇心，并随着年龄和知识的增长，对性的社会角色有了一定的认同，开始逐渐摆脱心理上的封闭性状态，对异性由抵触转向好感，愿意接近异性、了解异性、欣赏异性，甚至爱慕异性，产生一种自然亲和感。由于心理反应不够稳定，男女间的欣赏和爱慕是泛化的，往往不是指向特定的对象，注意目标容易转移，不具有专一性。这一阶段末期，青少年开始有了目标的试探，并喜欢在异性面前表现自己。如女生特别注意打扮，喜欢表现女性所特有的姿态和行为；男生倾向于展示自己的知识、智慧、体魄或运动技巧，表现出争强、好胜。此时，男女生的爱慕多是异性间的吸引和好感，但也有少数同学出现对特定异性的爱恋，发展为初恋。

(三) 两性恋爱期

进入青春期后期，随着性生理和性心理的成熟、知识面的增加、生活视野的扩大和个性的发展，男女青年对性的评价日趋明朗和稳定，对性爱的生物性因素和社会因素有了较为深刻的认识，对异性的爱慕和追求趋向专一化，将以往的泛化好感转为专注情感，萌发出爱情，并开始通过恋爱增进相互了解，给予相互关怀，密切彼此感情。这是青年男女恋爱的开始，也是心理意识发展到成熟阶段的标志。

三、大学生性心理发展的特点

青春期性心理的发展规律：性意识由朦胧到清晰；性情感由波动到稳定；性适应由不适应到逐渐适应。青春期性心理在发展中呈现出以下特点。

(一) 本能性与朦胧性

进入青春期后，由于生理上发生一系列变化，处于青春期的青少年，格外关注自己和周围同伴们的发育变化，情不自禁地对异性萌生兴趣、好感和爱慕。一些青少年由于缺乏性知识，对性有一种神秘感，使这种萌动又罩上一种朦胧的色彩。

(二) 强烈性与文饰性

处于青春期后期的年轻人，对性知识和性行为必然产生强烈的渴求，不可避免地产生性冲动，且随着年龄的增长，这种欲望愈发强烈。但是，青春期心理发展的一个显著特征是闭锁性与求理解性，从而导致了心理外显的文饰性。青年人非常重视自己在异性心目中的形象，十分看重来自异性的评价，但表面上却表现得无动于衷，不屑一顾；或显得很拘谨和羞涩，故意做出回避的样子，甚至表面上很讨厌男女之间的亲昵动作，可内心却很希望得到体验。这种心理上需求与行为上掩饰的矛盾表现，使一些人产生了种种心理冲突和困惑。

(三) 动荡性和压抑性

第二性征发育之后，特别是首次遗精和初潮现象的出现，会使个体对自身角色的认识发生质的变化。但是，由于青少年性心理还不成熟，尚未形成稳定的、正确的性道德观和恋爱观，自控能力很有限。特别是现实生活中各种信息的传播，"色情文化"的冲击，使一些年轻人的性意识受到影响，有的人沉湎于谈情说爱中，甚至发生性过失或性犯罪。与此相反，也有一些人由于性能量得不到合理的疏导和升华，导致过分压抑，个别人以扭曲的方式，甚至是性变态的行为表现出来，如校园中出现的"厕所文化""课桌文化"、恋物癖、窥视癖等。

(四) 男女性心理的差异性

大学生的性心理，因性别不同而存在着明显差异。在对异性的观察上，男性较注重女性的容貌、胸部和体形，女性较注重男性的五官、身材和风度；在对异性感情的流露上，男性表现得外显和热烈，女性则表现得含蓄和深沉；在内心体验上，男性更多是新奇、喜悦和神秘，女性则常常是惊慌、羞涩和不知所措；在表达方式上，男性比较主动和直接，女性则更多地出于自尊采取暗示的方式；在性冲动上，男性的性冲动容易被视觉刺激所唤起，女性则在听觉、触觉的刺激下容易引起性兴奋；在性驱动力上，男性增长迅速，且难以压抑，女性的性驱动力则较散漫和朦胧，性冲动很容易被转移或被掩饰，以其他形式表现出来。

第二节　大学生性心理问题及调适

一、大学生性心理困惑

大学生在性心理发展和成熟过程中，面对社会变革中各种性文化和性观念的影响，面对强烈的性需求与性满足之间的矛盾，面对性情感、性行为的种种挫折与冲突，时常会出现一些性心理上的困惑和问题，主要表现如下。

(一) 与异性交往不适的困惑

随着性生理和性心理发育成熟，每个人都会有和异性交往的愿望和冲动，"少男钟情，少女怀春"说的就是这种情况。但是，有的人由于性格内向，缺乏自信，缺少与异性交往的勇气，形成一种封闭、厌烦的心理状态；有的人在异性面前感到自卑羞怯，表现出紧张，无所适从，局促不安，严重者出现异性恐惧症；有的人缺乏与异性交往的方法，交往结果往往事与愿违，遭受的种种挫折给自己带来了心理上的焦虑。一方面有强烈的接近异性的冲动；另一方面又受到传统观念及现实能力的制约，内心冲突影响着与异性的正常交往，与异性交往的不适应又加剧了内心冲突，使自己陷入孤独、痛苦的情绪体验之中。

(二) 性冲动与性压抑引发的困惑

性冲动是指由性刺激引起的性兴奋与性生理反应，并希望得到性满足的心理反应状态。性压抑是对个体性行为的某种限制，也是个体对待自己性欲的传统的、最普遍的反应方式。性压抑与性冲动是相互抵触的，但适当的性压抑是必要的，它是个体性心理冲突的表现。过分地压抑性欲望，则会影响个体的身心健康，带来痛苦体验和情感挫伤。大学生的性成熟以及外界的性刺激，会自然引发性的需求与冲动，但由于道德与法律的规范约束，在性需求与性满足之间出现了冲突。

(三) 性自慰行为带来的困惑

1. 手淫引起的性心理困惑

手淫原本是指用手或器具刺激自己的性器官而获得性快感的一种行为。广义的手淫则扩展为自慰性行为，包括多种自我性刺激活动内容。一般来说，这种行为本身对身体并没有多大的伤害，但是因为手淫而带来的自责、担心、恐惧、紧张等情绪却对人的心理有很大的伤害。过度手淫会使人经常处于性兴奋中，引起身体疲劳，引发神经功能紊乱，甚至造成泌尿生殖系统的病变。因此，对于有过度手淫习惯的人来说，要逐步纠正这种习惯，尽量避免或减少性自慰行为。

2. 性幻想的困惑

性幻想也称为"性白日梦"，是指人在觉醒状态时，通过幻想方式获得性快感的现象，是在某种特定因素的诱导下自编、自导、自演与性内容有关的心理活动过程，它可以虚构或想象与异性一起约会、接吻、拥抱、性交等活动。性幻想是性冲动的发泄形式之一，是一种广泛、普遍的人类特有的性现象。这种幻想可以导致生理上的兴奋，有时伴有手淫现象，可在一定程度上缓解性的需求。性幻想有一定的受控性，多数只在独处和空闲的时间内发生，性幻想者本人会明确意识到幻境中的一切只是幻想，并不是实际情况，不会进行把幻想转变为实际的尝试。但性幻想的出现一旦失控，即在学习、生活中经常出现而无法摆脱，可能会成为一种性异常。对于性幻想这种正常心理现象，有的人缺乏科学认识，常感到羞耻、自责，承受着心理压力；有的人则过分沉溺其中，导致情绪低落，寝食难安，影响正常的学习和生活。

3. 性梦的困惑

性梦是指在睡梦中与性对象发生性接触而出现性冲动或性高潮的现象。性幻想是一种人为的幻想，性梦则是真实的梦。性梦中常出现与异性接吻、拥抱、抚摸、性交等亲密的行为。梦中情人多为不认识或仅仅见过面的异性，很少碰见自己所爱的人。梦中情景总有几分奇幻、几分恍惚，醒后往往回忆不起梦境的全部细节。

消除手淫、性梦、性幻想所带来的困惑，关键是对其有科学的认识，不必为此自责、焦虑，避免承受心理压力。要养成良好的生活习惯，有规律地安排学习和休息，合理调节自己的性欲望；要把自己的精力集中到学习上，积极参加健康的文体活动，使性能量得到有益的释放，不要接触淫秽书刊、影像，睡前不看与性有关的书刊和影视节目。

(四) 性行为失当的困惑

一般来说，性行为可以分为广义和狭义两种。广义的性行为是指与性有关的活动，如拥抱、接吻、爱抚等；狭义的性行为则特指性交。恋人之间有些比较亲昵的行为是正常的，也是被我国的道德文化所认同的。但是，过多地沉迷于身体亲昵，使性行为失去控制，出现婚前性行为，必然会给今后的生活带来一定的负面影响。有学者对大学生初次性行为的心理状态进行调查发现：婚前性行为普遍会带来较大的心理困惑，78%的女生和62.9%的男生感到紧张；77%的女生和65.8%的男生怕怀孕；69.8%的女生和64.8%的男生怕被人发现；28.5%的女生和5%的男生有反感。

二、大学生性心理健康的调适与维护

世界卫生组织对性心理健康的定义是"通过丰富和完善的人格、人际交往和爱情方式，达到性行为在肉体、感情、理智和社会诸方面的圆满和协调。"

根据我国大学生性心理发展状况，个体性心理健康标准主要有五方面：① 有正常的性需求和性欲望；② 能正确认识自我，愉快接纳自己的性别；③ 性心理特点和性行为符合性心理发展年龄特征；④ 能和异性保持和谐的人际关系；⑤ 性行为符合社会道德规范。

每个大学生都应该学会自觉维护性心理健康，协调身心统一，塑造完整人格。

(一) 掌握科学的性知识

原中国性协会理事长徐天民教授认为：性教育的过程是人的社会化过程，"性"不是一个令人羞涩的词，要把它摆在一个正确的位置上，更要正确地看待它。我们所提倡的是科学的、文明的性观念和健康的性行为。

性科学是一门综合性的学问，它包括性生理学、性心理学、性社会学、性伦理学和性美学等。掌握科学的性知识，一是要重视学习性生理知识，明白哪些生理现象是正常的，哪些生理现象是有害的，消除性朦胧感、神秘感和恐惧感，更客观地看待"性"；二是要注重学习性心理知识，了解性心理发展规律，学会承担性别角色，掌握自我调控方法，及时消除性心理问题；三是要注重学习性道德和性法律知识，了解性的社会属性，明确性行为的道德规范、法律约束和文化习俗，更理性地对待"性"，将性行为置于道德与法律规范之中。要远离非法或非正规出版物，更不能涉猎色情读物或信息，防止不健康性文化的侵蚀和影响。

(二) 进行性心理自我调适

维护性心理健康，不仅需要掌握科学的性知识，还要积极有效地进行性心理自我调适。性心理自我调适，是指在性心理发生矛盾冲突或出现问题时，采取有效方法，运用意识力量，对心理活动进行合理控制与调节，使失控心理得到缓解，性心理问题得到及时解决。

1. 适当压抑法

压抑是社会对性欲最常见的对策，是个体对待自己性欲的传统、普遍的反应方式。适当的压抑虽然与性本能相抵触，但它是合理的，也是必需的，对社会安定发展和个体身心健康都是有益的。大学生处于性欲旺盛时期，但主要任务是学习，应该以强烈的学习欲望来缓解性的欲望，以紧张的学习生活来抑制性的需求，通过培养性抑制力来适应校园学习环境，适应社会性行为规范。

2. 转移淡化法

一个人独处时常会想到"性"事，受到性刺激时，难以自持，或者与异性交往时想入非非……这些现象无论是因为性冲动引起，还是由过度压抑产生，最好的办法是立即"刹车"，积极主动投身到校园文化活动和集体生活之中，通过有益的集体活动，转移大脑中枢神经的兴奋中心，淡化原来的注意力，把旺盛的精力转移到学习知识、提高能力、增长才干和培养兴趣上，从而缓解性冲动，减轻性压抑，这样才有助于调节深层的本能，培养健康的情感。

3. 升华替代法

升华是指性欲在环境限制下难以宣泄，使其转化为外在的另外一种积极的、建设性的欲望，在创造性的活动中得以发泄。心理学研究成果表明，性欲转化为其他欲望或被其他欲望替代，不但是可能的，而且是可行的，这是人类自身应对性欲异常的最佳方式，也是应对正常性欲时最理想的替代方式。比如，在痴迷于热恋影响学习时，或性情感受挫时，或性心理受到伤害时，都可以把原有的欲望或情感转化为积极进取的动力，成为刻苦学习、努力工作、创新活动的源泉。对于自己无法解决的性心理困惑，特别是性心理障碍，要有强烈的求知愿望，积极主动进行心理咨询与治疗。

(三) 学会与异性交往和自我保护

适度地与异性交往，可以满足青春期性心理需要，缓解性压抑；有益于扩大信息，完善自我；有助于培养大学生的健康情感，对个体成才和恋爱婚姻具有重要意义。在与异性交往中，要自信正派、相互尊重、自然大方；要讲究分寸、注意场合、规范行为，把握好"友情"和"爱情"的界限；要注意摆脱低级趣味，抵制不良生活方式的诱惑；要洁身自爱，做到自尊、自重、自爱。

(四) 谨慎对待婚前性行为

婚前性行为虽然不违反国家法律，但它有违道德观念和社会习俗，容易带来种种不良后果。它让当事人担惊受怕，怕父母知道、怕自己怀孕，产生恐惧或懊悔；它不能守护爱情，对失恋者尤其是女性，更容易造成心理创伤；婚前性行为容易导致婚前怀孕，被迫进行人工流产，会给女性身心健康造成严重影响；它会引起多种心理困惑，影响个人的学业和发展。因此，要慎重对待婚前性行为，酸涩的"青苹果"还是不吃为好。

慎重对待婚前性行为，需要树立社会责任感。有资料显示，大学生发生婚前性行为的原因是多方面的，有的出于神秘好奇，有的追求性欲满足，有的为了排解孤独。性爱不是一触即发，不是片刻欢愉，而是代表着恒久的爱情，意味着双方的责任，任何一方都要考虑到对方、婚姻、家庭、社会所承担的责任，以社会责任感来对待性行为，用社会道德来规范性行为，这样可以有效地减少婚前性行为带来的身心伤害，增进大学生心理健康。

(五) 预防性病与艾滋病

性病与艾滋病，都属于世界范围的传播疾病，对人类健康构成了巨大威胁。预防性病和艾滋病，也是维护性心理健康的重要课题。

性病是通过性行为接触而发生的性传播疾病。我国列入法定管理的性传播疾病主要有淋病、梅毒、软下疳、尖锐湿疣、生殖器疱疹、非淋菌性尿道炎、滴虫病等。性病很容易通过性行为来传播，易感人群是20~24岁的青年。

艾滋病的全称是获得性免疫缺陷综合征(AIDS)。这种病是由一种名为"人类免疫缺陷病毒"导致的性传播疾病。艾滋病主要损害人体免疫系统，破坏人体的抵抗力，最后导致病人死亡。其传播途径主要有三个：性传播、血液传播和母婴传播，它的潜伏期很长，一般为2~10年。

第三节　大学生恋爱心理发展的规律特点和常见问题

一、爱情的心理学视角

随着大学生性心理的成熟和性心理的发展，渴望爱情、想谈恋爱已成为大学生中较为普遍的心理状态。爱情是那样独具魅力，拨动着青年人的心弦，令人寻觅和向往。那么，到底什么是真正的爱情？

(一) 爱情的定义

关于爱情的定义，从心理学角度是这样描述的：爱情是一对男女逐渐建立在性需要基础上的一种强烈的内心情感体验，是基于一定的社会关系和共同的生活理想，在各自内心形成对对方的最真挚的倾慕，并渴望对方成为自己终身伴侣的最强烈的感情；是两颗心灵相互向往、吸引，达到精神升华的产物；是人类特有的一种高尚的精神生活。

(二) 爱情的本质

在爱情的众多研究中，美国心理学家、耶鲁大学的斯滕伯格教授提出的爱情成分理论，即"爱情三因论"，揭示了爱情的本质。"爱情三因论"认为，人类的爱情虽然复杂多变，但基本上是由以下三种成分所组成的。

1. 动机成分

与"性"相关的动机驱力以及相应的诱因，如异性之间的身体容貌等，属于爱情的动机成分，也称之为动机元素。表现为强烈渴望与对方结合，殷切希望相互日夜厮守，分离时则强烈思念等，常以亲吻、拥抱、爱抚等性行为来传达激情。

2. 情感成分

与伴侣间心灵相近、互相契合、互相归属的感觉是亲密，属于爱情的情感成分或元素，包括亲近、接纳、沟通、支持、鼓励等心灵上的默契。它是由刺激引起的身心激动状态，如喜、怒、哀、惧等，即所谓酸甜苦辣的爱情滋味。

3. 认知成分

爱情中的认知作用，对情绪和动机两种成分而言，是一种控制因素。如果将动机与情感分别视为电流与火花，认知就是开关和调节器，它可以斟酌爱情之火的热度予以适度调节。认知成分是一种控制因素，是爱情中的理智层面(承诺、责任)。它也是一种认知元素，是维持关系长久的动力，体现于忠诚、亲密、患难与共的关系中，是男女双方以身相许、关系持久化的原动力。

按照斯滕伯格的观点，虽然两性间的爱情形式因人而异，其实都是由这三种成分以某种方式的混合所演绎的。他进一步将动机、情绪和认知各自在两性间发生的爱情关系称为热情(激情)、亲密与承诺，即以动机为主的两性关系是热情、激情的，以情绪为主的两性关系是亲密的，以认知为主的两性关系是承诺、守约的。斯滕伯格的爱情三角形理论示意图如图5-1所示。

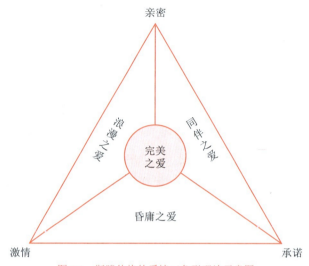

图 5-1　斯滕伯格的爱情三角形理论示意图

三种成分的不同组合，便得到八种不同类型的爱情。

(1) 无爱：如亲密、激情和承诺都缺失，爱就不存在。则两人也许仅仅是熟人而不是朋友，彼此的关系是随便的、肤浅的、没有承诺的。

(2) 喜欢：当亲密程度高但激情和承诺非常低的时候，会产生喜爱。喜爱发生在有着真正的亲近和温暖的友谊中，但不会激发激情，也不一定厮守终身。

(3) 迷恋：迷恋中有着强烈的激情，但缺乏亲密和承诺，当人们被不太熟悉的人激起欲望时会有这种体验。

(4) 空洞的爱：没有亲密或激情的承诺就是空爱。

(5) 浪漫的爱：当程度高的亲密和激情一起发生时，人们体验的就是浪漫的爱。对浪漫爱的一种看法认为，它是喜爱和迷恋的结合。人们常常会对自己的浪漫关系做出承诺，但斯滕伯格认为承诺并不是浪漫的爱的典型特征。

(6) 伴侣的爱：亲密和承诺结合形成对亲密伴侣的爱。亲近、交流和分享伴随着对关系的充分的投资，双方努力维持深度而长久的友谊。这种类型的爱会集中体现在长久而幸福的婚姻中，虽然年轻时的激情已逐渐消失。

(7) 虚幻的爱：缺乏亲密的激情和承诺会产生一种愚蠢的体验，叫作虚幻的爱。这种爱会发生在旋风般的求爱中，在势不可挡的激情中两个人闪电结婚，但对彼此并不很了解或喜爱。在某种意义上，这样的爱盲目自信，风险很大。

(8) 完美的爱：最后，当亲密、激情和承诺都以相当的程度同时存在时，人们体验的是"完全的"，或称为圆满的爱。

(三) 爱情的特征

神话中丘比特的爱神love是什么意思？

L——Listen，就是倾听；

O——Obligate，就是感恩；

V——Valued，就是尊重；

E——Excuse，就是宽容。

爱不是生活在自己的世界里，而是倾听对方的声音，并感受对方的感觉并给予回应；不是索取而是感谢彼此的付出并给予表达；爱不是占有，而是尊重彼此的需要并给予关怀；爱不是欣赏对方的优点，而是宽容对方的缺点并给予理解。

真正爱的特征如下。

(1) 两人世界：相爱，不是一个人的事，真爱其实就是两个灵魂的相遇，拼出完整的圆。

(2) 互相渴求的期盼：在爱的关系中，互相之间有一份默契，共同的期盼，比如希望共度人生。

(3) 可以分享和分担：相爱的双方既要分享生活中的快乐，也要分担生活中遇到的困难，理解、信任并依赖对方。

(4) 与对方相处非常快乐：真爱使双方强大，不仅接纳对方的优点，而且包容对方的缺点和不足，所以，彼此渴望在一起享受快乐。

(5) 时时为对方着想：真正的爱情，经常会想着对方的苦乐感受。当对方快乐时会更加快乐，当对方痛苦时就会更加痛苦。先他之忧而忧，后他之乐而乐。把快乐留给对方，而把痛苦留给自己。

(6) 相处融洽，有共鸣和同感：爱是双方彼此理解和熟悉，能够洞察所爱的人的需要和思想，是一种心心相印的感受。

(7) 相处时有安全感和信任感，活出真我：两个相爱的人有良好的自我意识，尊重自我也认识彼此，有良好的沟通，在彼此的关系中是一个真实的自我。

(8) 开心：真爱的人在一起会很开心，渴望对方成为自己生命、生活的一部分，渴望结婚。

二、大学生的恋爱心理

(一) 恋爱心理发展过程

恋爱是以爱情为中心的社会心理行为。在心理学家看来，一个成熟的、称得上真爱的恋情必须经过以下四个阶段。

1. 第一个阶段：共存

这是热恋时期，男性的雄性激素和女性的雌性激素等性激素激发人们的冲动，正是这些爱情激素令人有很多渴望，使人怦然心动。恋人无论何时何地总希望能在一起，总有说不完的话，甚至可能为此而寝食难安，心甘情愿地消耗大把时间为心上人魂牵梦萦。

2. 第二个阶段：反依赖

待到情感比较稳定后，恋人不能永久停留在互相吸引的阶段，否则学习、工作等其他事情都干不下去了。这时至少会有一方想要多一点自己的时间做自己想做的事，这使得另一方就可能被冷落，激情会慢慢地一点点减少，但这是另外一个爱情阶段的开始。

3. 第三个阶段：独立

这是第二个阶段的延续，双方都需要有更多独立自主的时间，做自己想做的事情。这个阶段的恋人要学习怎样处理冲突，不断经营爱情，更加全面地了解对方。

4. 第四个阶段：共生

这个时期，新的相处之道已经形成，你的他(她)已经成为你最亲的人。你们在一起相互扶持，共同开创属于你们自己的人生。而这时，你们在一起不会互相牵绊，而是互相成长。

各阶段之间转换所需要的时间长短不一，因人而异。在现实中，大学生谈恋爱的成功率不高，很多人的恋爱只是停留在第一阶段，而且时间较长，他们会因为通不过第二或第三阶段而选择分手，这给自己的学习、工作与身心健康造成了较大影响。看到上述成熟恋情必须经历的四个阶段，能否给你一些启示与领悟？从中你能领悟出一点如何让你所爱的人爱你的方法吗？

(二) 大学生恋爱心理特点

爱情作为美好的情感被每个人所向往，大学生的恋爱也有其自身发展规律和特点。除具有一般恋人所有的心理特征外，还具有其独特性。

1. 大学生的恋爱现象日趋普遍性、低年级化

以前，大学生只是在大三或大四时才谈恋爱，而且人数也不是很多。而现在，大学生一进入大学就有谈恋爱的，到了大二、大三谈恋爱已成为普遍现象。据北京性健康研究所

做的全国高校学生(包括本科生和研究生)性健康状况调查显示,大部分大学生已考虑谈恋爱或已在谈恋爱,"从未考虑"或"对学习期间谈恋爱反感"的学生所占比例较小。

2. 大学生的恋爱观日趋自主性、浪漫化

大学生脱离了家庭的束缚,自己独立意识明显增强,何时谈恋爱、和谁谈恋爱、怎样谈恋爱,不再受条条框框的限制,也不再受传统习俗的局限,大多是自己做主,自由选择。恋爱本应是以婚姻为目的,但有的大学生认为,爱情与婚姻无关,"不求天长地久,只求曾经拥有"。这些大学生重享乐、轻责任,他们是为了排解内心的空虚和孤独,看重的是花前月下、诗情画意,追求的是丰富多彩的精神生活,而很少涉及未来家庭、经济等现实问题。这使得大学生恋爱富有浓郁的浪漫气息。甚至有的人只追求"感官的满足"及物质生活享受,沉迷于吃喝玩乐、卿卿我我、朝夕相伴,出双入对而荒废学业。

3. 大学生的择偶标准日趋功利性、理想化

以前,大部分学生在择偶时首先看重的是对方的内在条件,比如性格、品质、志趣等,强调对方的才华与能力等。但随着社会环境的发展和人们思想意识的变化,大学生的择偶标准日趋现实性、功利性和理想化,出现了重外在、轻内在的倾向。有的大学生片面地追求外在条件,如身材、相貌等,比较看重的是对方家庭财产、收入、地位、权势等,这也是大学生恋爱成功率较低的原因之一。

4. 大学生的爱情表达方式日趋开放化、公开化

中华民族悠久的文化特点是感情表达含蓄、深沉。在这种文化的熏陶下,大学生恋爱时的行为应该举止文雅,注意分寸和场合。但在西方开放的性文化影响下,不少大学生的恋爱表达方式更加开放,他们已不在意别人怎么看,随意流露热情,有的甚至在校园里或大庭广众之下拥抱亲吻,认为"这是感情真挚奔放的表示"或"是两人间的私事,他人不能干涉"。

5. 大学生恋爱中对性的态度日趋轻率化、自由化

受西方性观念的影响,一些大学生对恋爱中的性行为抱有一种无所谓的态度,"只要双方相爱",对婚前性行为缺乏慎重态度,认为这是个人的自由,可以不受干涉而随心所欲。在这种思想的怂恿下,有的学生除了对亲吻、拥抱等亲密行为要求迫切外,还常常冲破理智的防范,"偷吃禁果",这种对自己及他人不负责任的做法,会给大学生的身心健康带来严重影响。

三、大学生恋爱过程中常见的心理困惑及调适

恋爱能给你带来甜蜜,也可能给你带来烦恼,甚至会带来一些难以逾越的心理困惑。当你遇到困惑时,你会调节自己的情绪吗?

(一) 单相思的苦恼及其调适

单相思是异性关系中的一方倾心于另一方,但是却得不到对方回应的单方面的"爱情"。单相思往往是单方对倾慕的对象一往情深,希望得到对方爱情的动机十分强烈。单相思的另一种形式,是指在异性间接触来往关系中,一方错误地认为对方对自己"有意",或者把双方正常的交往和友谊误认为是爱情的来临,常常会使当事人想入非非,自作多情。这是恋爱心理的一种认知和情感的失误。如果你正被单相思搅得茶不思饭不想、神情恍惚,那你不妨试试以下办法来调适自己的心理。

1. 倾诉

当你被单相思折磨得万分痛苦时,最简洁的办法就是把心事告诉给密友,倾诉一下心中所淤积的爱意,让朋友分担自己的忧愁和焦虑,朋友的分析、劝导和安慰会让自己变得轻松并在内心激起一个新的兴奋点,激情也会随时分流。

2. 表白

如果自己有意,而对方并不知情,并且觉得对方有很大可能也爱自己,就应鼓起勇气,大胆地向对方表白自己的感情。如果他(她)接受了你,那就表白成功,一切皆大欢喜。因而酌情释放一下自己的感情还是必要的。

3. 转移

多参加体育锻炼或感兴趣的活动,尝试环境转移,避免触景生情,尽可能离喜欢的人远一点,你可能就会发现"柳暗花明又一村"的好景象。

(二) 失恋的痛苦及其调适

我们都希望爱情是甜美的、长久的,但大多数人都可能会经历失恋的"煎熬"。失恋时会让你悲伤、痛苦、绝望、忧郁、焦虑和空虚,失恋所引发的消极情绪若不及时化解,会导致身心疾病。如果你失恋了,不妨尝试以下几个方法进行自我调适。

1. 正视现实

失恋之苦,关键在于一个"恋"字。爱情是双方的,失去任何一方,爱情就失去平衡,恋爱即宣告结束。这时,失恋的一方无论对另一方爱得有多深,恋爱也不再成立。作为一个有理智的大学生应勇敢地面对失恋的残酷现实,爱情不是同情和怜悯,更不是强

求。认识到"有失必有得""天涯何处无芳草",能正视这个现实,或许会有一份意想不到的收获。

2. 冷静分析

首先,冷静分析一下失恋的原因,失恋的原因是很复杂的,是否双方性格不合,还是有一方出现背叛行为,是否双方家庭反对……失恋会有多种多样的情况。如果是属于"单相思",这种单方的恋爱自然构不成爱情,更没必要自讨苦吃;如果是父母不同意,迫于强大的外界压力,使意志薄弱者不得不与你分手,你应在现实无法挽回的情况下,对他(她)的孝心多给予一些理解;如果是对方见异思迁,另有新欢,玩弄了你的感情,对于你来说虽然是个很大的不幸,但更有庆幸之处,应该看到即使现在不割断爱情,以后迟早也会感情破裂,造成更大的痛苦;也许更多的是属于性格不合,是表明双方感情难以发展成爱情,分手并不表示你比对方差,千万不要有一种被抛弃的自卑感。

3. 合理宣泄

当你失恋后,那种痛苦、愤怒、委屈、悔恨、失望、孤独的感觉会接踵而来,如果这些消极情感体验得不到及时宣泄,则容易积郁成疾;内心的苦闷是一种能量,若长久得不到释放,就会像定时炸弹一样一旦触发即可酿成大错。因此,这些不良情绪必须尽快消除。例如,当失恋的痛苦压得你喘不过气时,痛哭一场,让心头的辛酸随同苦涩的泪水一同流去,你会感到心理轻松很多;以写日记或书信的方式,把苦恼记录下来,以寻求心理安慰或寄托;找知己好友,一吐为快,从朋友的劝解中摆脱痛苦;也可去心理咨询,得到社会支持系统的帮助,获得内心的平衡。总之,对这些种种不良情绪不要长期压抑,可以找一个适当的场合,想哭就哭,想说就说,进行合理宣泄。

4. 欲求转移法

失恋的你很容易将自己封闭,远离他人,这种情绪很难平静。提高失恋承受力的一个简单方法就是欲求转移法。为摆脱失恋的痛苦,适时转移你的注意力,可以暂时避开一段时间或换一个环境,到新的环境中去体验新生活,可以多参加文体活动,让烦恼随风而逝,快乐将随之不知不觉地产生;还可以去旅游,到神奇美妙的大自然中排解忧愁,在大自然的怀抱里得到心灵的净化。过后,你会觉得失恋算不了什么,生命中有太多事情值得留恋和追寻。

5. 情感升华法

爱情固然重要,但生活中还有比爱情更值得我们追求的东西,除了爱情,你还有事业、亲情和友谊等。作为有志青年,失恋不失志,失恋不失态,要以失恋为动力,把感情升华到专注于学习和工作上,这是一种积极的方法。

第四节　培养健康的恋爱观和择偶观

能够拥有美好、真诚的爱情是每个人所向往的,但并不是每个人都能在一生中体验到被爱的感觉。有的人可能一生都没有被人爱过。为什么呢?这是因为在他(她)身上缺乏爱的吸引力和爱的能力。心理学家弗洛姆说过:"爱是一种能力,也是一种艺术。"如何让你所爱的人喜欢你?如何去建立、发展健康的恋爱关系,这是大学生常提起的一个话题,也是爱情长久的一个关键性的问题。

一、树立正确的恋爱观

心理测试5-1　恋爱态度测试

仔细阅读下面的每条陈述,并把你认为最适合的打上"√"号。

恋爱态度测试

题目	坚决同意	适度同意	不好决定	有些不同意	坚决不同意
1. 当你真正恋爱时,你对任何别的人都不感兴趣	1	2	3	4	5
2. 恋爱绝不是你所能客观地加以研究的,它是高度情感的状态,不能进行科学观察	1	2	3	4	5
3. 和某人恋爱而不结婚是个悲剧	1	2	3	4	5
4. 有了爱,才知道什么是爱	1	2	3	4	5
5. 共同兴趣实际上是不重要的,只要两人真正相爱,就会彼此协调	1	2	3	4	5
6. 只要彼此相爱,虽然认识的时间还很短,马上结婚也不要紧	1	2	3	4	5
7. 只要两个人彼此相爱,即使有着信仰差异,实际上也不要紧	1	2	3	4	5
8. 你可以爱一个人,虽然你不喜欢这个人的任何一个朋友	1	2	3	4	5
9. 当你恋爱时,你经常是茫然的	1	2	3	4	5
10. 一见钟情往往是最深切、最永恒的爱	1	2	3	4	5
11. 你能真正爱上的,并能在一起幸福生活的人,世界上只有一两个	1	2	3	4	5

(续表)

题目	坚决同意	适度同意	不好决定	有些不同意	坚决不同意
12. 不用管其他因素，如果你确实爱上了一个人，就可以和这个人结婚了	1	2	3	4	5
13. 要得到幸福就必须对你要与之结婚的人有爱情	1	2	3	4	5
14. 当你和所爱的人分离时，世界上的一切仿佛都暗淡而令人不满意	1	2	3	4	5
15. 父母不应该劝说儿女同谁约会，他们已经忘记恋爱是怎么回事了	1	2	3	4	5
16. 爱情被看成婚姻的主要动机，那是好的	1	2	3	4	5
17. 当你爱上一个人时，你就想到将来要和那个人结婚	1	2	3	4	5
18. 大多数人都会在某些地方有一个理想的对象，问题是怎样去找到那个对象	1	2	3	4	5
19. 妒忌通常是直接随着爱情而变化的，就是说，你越是爱就越会有妒忌心	1	2	3	4	5
20. 被任何人都爱上的人大约只有少数几个	1	2	3	4	5
21. 当你恋爱时，你的判断力通常不是太清楚的	1	2	3	4	5
22. 我认为，一生中爱情只有一次	1	2	3	4	5
23. 你不能强迫自己爱上某一个人，爱情说来就来，说走就走	1	2	3	4	5
24. 和爱情相比，在选择结婚对象时，社会地位和宗教信仰的差别是无关紧要的	1	2	3	4	5

[结果解释] 将所有题目得分相加，分数越高说明你对爱情的态度越接近现实型，分数越低越接近浪漫型。现实型指对待爱情以注重现实为特征，恋爱关系稳固、和谐。浪漫型的人，把爱情看成一种神秘的、永恒的力量，对爱情充满了激动、幻想与渴望，较少注重一些现实问题。

(资料来源：郑日昌. 大学生心理诊断[M]. 济南：山东教育出版社，1999.)

什么样的恋人最好？有人喜欢英俊漂亮的，有人强调学历高，有人看中的是经济实力，还有的人认为应该是"德才兼备"和"才貌双全"。他们看房子、看车子、看票子、看相貌漂不漂亮、看身材苗不苗条等。结果你常常因为难以寻到这样理想的恋人而感到困惑和焦虑。其实，人没有十全十美的，理想恋人也无固定标准。择偶的标准是因人而异的，没有固定的模式。但这里提供一些不可忽视的因素供大家参考。

(一) 提倡志同道合的爱情

马雅可夫斯基在《爱情》一诗中曾指出，应当将男人同女子的生活，用一个词连接起来，那个词就是"同志"，就是指共同的志向、抱负、事业心，具有共同的人生态度和生活理想，这是选择爱人时最不能忽略的。一个人的思想品德、能力、性格、志趣、身材、相貌、家庭和经济条件，都可成为选择的因素。把什么因素作为择偶的标准，决定着爱情能否最终幸福。我们提倡以志同道合、心灵的默契和共鸣作为择偶的第一标准，因为这能够使爱情有更坚实的基础。而把外貌、经济、家庭条件、职业这些外在的因素作为第一标准，往往会埋下有害苦果，引起恋爱失败或婚姻破裂。

(二) 要重视对方的责任感

恋爱生活应该彼此忠诚、尊重和谅解，有高度责任感，这是对恋人的最基本要求，也是对自己的选择负责。恋人间应相互信任、关心体贴、同甘共苦，尤其是女性都希望自己的恋人成为可以倾诉的知己，成为患难与共的朋友，并不总是花前月下，而是能分担自己的喜怒哀乐；在自己最困难的时候，不是远离自己，而是共同去克服困难，有分歧时冷静，互谅互让。这样的爱情才能使双方真正感受到爱的充实、美满、温暖和甜蜜，爱情才能天长地久。

(三) 追求情投意合的爱情

情投意合就是注重对方的脾气和性格，特别是情绪的自控性、人际关系的处理能力、办事的能力、对自己的了解和他人的宽容等一系列性格品质的契合。这样有利于恋人之间的和睦相处，能较好地调控自己和他人的情绪，摆脱烦恼、焦虑、忧伤、愤怒和不满这些负面情绪的影响；有利于保持未来家庭生活的幸福快乐。管理好自己的情绪，能激励自己和他人为某个目标而集中注意力，永葆积极进取的精神和毅力，这也是事业成功的关键。事业加爱情，才能组成幸福美满的婚姻生活。

(四) 幽默浪漫添活力

生活是现实的，爱情也脱离不了现实，但爱情若能带点儿浪漫，就显得更加动人。二人世界若总是一本正经，似乎开玩笑也多余的话，生活会变得枯燥无味、平淡无奇。因此，有点儿幽默感更好，两人之间不妨来点浪漫，恋人间的逗乐、玩笑及恶作剧都可以增加彼此的吸引力。

二、增加爱的吸引力

(一) 独立的人格是爱的基石

人生的第一要义是生活,人必须活着,爱才有意义。爱自己才能爱别人。若想获得真正的爱情,必须首先尊重自己,保持人格的独立,在恋爱中不断完善自己。因为只有这样,才能源源不断地给予对方新的感觉,恋爱之树才能常青。那些在恋爱中常以自己完全顺从、失去自我为代价获取对方的爱,会使对方因你失去个性没有新鲜感而感到厌倦,从而失去爱情。常常看到有的大学生在恋爱中随着感情的加深,自己越来越不是自己了,变成对方的附属品,一切为了对方而活,一切都为对方着想,丧失了自己人格的独立性,也会慢慢失去爱情。

(二) 拥有自信是爱情的磁石

拥有自信的人才会得到别人的欣赏和认可,也只有自信的人才是最美的。要提高自信不仅要强化自我形象,还要不断挖掘自己不同方面的优点,学着变换一下思维,用自己的优点与别人的缺点对比,悦纳自己、欣赏自己,从而增强自信。拥有自信,才有勇气追求真爱。

(三) 克己与宽容的品格是爱的黏合剂

"克己"是指"克制自己",宽容是指"容人""容己",即能够尊重与自己有不同观点和习惯的人。爱一个人,既要爱他的优点又要包容他的缺点。在爱情中双方应该尊重对方的价值观和行为习惯,只有在克己和宽容的基础上,才可能有互相尊重、彼此和谐。一份永久的爱情是需要互相理解、互相包容的。

(四) 责任感和奉献意识是爱的成功密码

责任感和奉献意识是获得崇高爱情的基础。爱一个人就要对对方负责,有了责任心才能有动力去培植恋爱之树。恋人之间需要彼此忠诚、尊重、信任和谅解,具有高度的责任感。要听取和尊重对方的意见,不轻易否定对方意见而独行其是,也不能将自己的意见强加于人,有事共同协商,达到一致。同时,要信任对方,给对方一个空间,不要把对方变成自己的附属品,允许对方有个人独立空间和隐私,这样的爱情才能使对方因自己的存在而感到充实、快乐和成长,才能感受到爱的温暖,爱情也才能牢固和长久。

三、培养爱的能力

所谓爱的能力是指和他人主动建立亲密关系的能力。弗洛姆所讲的爱的主动性，包括关心、责任、尊重、认识等。爱的能力是一种综合素质，具备了爱的能力会吸引一个人去真正爱他人，真正爱自己，也真正让你所爱的人爱你，真正体验到爱给你带来的快乐和幸福。对于年轻的你来说，应该着重培养以下几方面的爱的能力与艺术。

(一) 识别爱的能力

识别爱是指能较好地分清什么是好感、喜欢、友谊和爱情。

(1) 好感不是爱情。年轻人在性发育成熟时，便开始被异性吸引，对异性产生好感，这种好感有时也像爱情一样，能够给人带来快乐、愉悦、兴奋的感受，这是人生理想的自然本能。好感只是一种直觉性的感情，如果把爱的历程描绘为"好感、爱慕、相爱"三部曲的话，好感只是爱情的前奏，但它并不一定发展为爱情。好感以直觉和印象为支点，而爱情则以心灵的融合为基础。好感是广泛的、无排他性的，而爱情是专一的、排他性的。

(2) 喜欢不等于爱情。爱情会依恋对方，当卷入爱情的双方在感到孤独时，会高度特异性地去寻找对方来陪伴和安慰自己，而喜欢的对象可能没有同样的意愿和感受。爱情是利他的，恋爱中的人高度关怀对方的情感状态，觉得让对方快乐和幸福是自己义不容辞的责任，在对方有不足时，也会表现出高度宽容。恋爱的双方要求亲密，他们不仅对对方有高度的情感依赖，而且会有身体接触的需求，性是爱的基础，是爱情的核心成分，而喜欢则没有这种表现。

(3) 友情不是爱情。友情和爱情有时难以严格划分，但实际上是完全不一样的。一是两者的性质不同。爱情是以两性吸引为基础的贴心之情，是两人互相渴望成为终身伴侣的感情；而友情则超越了性的欲念，是同志、同学、朋友间一种平等、诚挚、相互信任的友爱之情。二是两者的包容性不同。爱情具有排他性和封闭性，是两个异性挚笃专一、忠贞不渝的感情，不允许有任何的第三者插足；而友情则产生于普遍的人际关系中，是开放、广泛和可以传播的。三是两者承担的义务不同。友情一般只承担道德义务，朋友之间以诚相待，遵守承诺，互敬互助，等等；而爱情总是与婚姻家庭联系在一起，爱情双方不仅要承担道德义务，还必须承担法律义务。四是两者的稳定性也不同。爱情使爱侣身心结合，共度人生，它持久稳定；而友情则可以是持久稳定的，也可能是一段时间内亲密的友爱之情。泰戈尔曾说："友谊和爱情之间的区别在于：友谊意味着两个人和世界，然而爱情意味着两个人就是世界。在友谊中一加一等于二，在爱情中一加一还是一。"

(二) 表达爱的能力

暗恋是一种美丽的情怀，也是一种浪漫的伤痛。如果你不想承受这种痛苦，那就要学会表达爱。一个人心中有了爱，在理性分析之后，能否用恰当的方式和语言向对方表达你的爱，这是一种爱的能力。大胆地说出你的爱，这是需要勇气和信心的。要知道，喜欢一个人绝对没有错，对方如何反应是他的权利。何况，你没让他明白，怎么会知道他有什么反应？胡思乱想毫无益处。表达爱是在表明爱一个人也是幸福的，即使可能得不到回应，但你让对方知道被一个人爱，这也是一种崇高的境界，不要给自己留下太多的遗憾和懊悔。

(三) 拒绝爱的能力

当别人向你示爱时，你认定这不是你希望得到的爱情，优柔寡断或屈从于对方的穷追不舍的做法都是有害的。要敢于理智地拒绝不希望得到的爱情，还要学会用恰当的方式与技巧拒绝。如运用一种充满关切、尊重和机智的方式来维护自己，也维护他人的利益。首先，你应该表现出对对方的尊重，要感谢对方对自己的欣赏和感情；其次，要坚定地表明态度，勇敢地说"不"，因为爱情来不得半点勉强和将就，同时要说明拒绝的理由；再次，行动要和语言一致，在语言上拒绝了对方，在行动上就不要再单独与对方看电影、吃饭等，不要让对方产生误解，认为还有机会，继续纠缠在自己的情感之中，这样发展下去对双方都是不利的。

(四) 解决爱的冲突的能力

爱的冲突一方面来自日常生活中的不一致和不协调；另一方面可能来自性格的差异。相爱的人不是寻求两人的一致，而是看如何协调、合作。爱需要包容、理解、谅解和经营，要用建设性的方式去解决问题。沟通是非常有效的方式，恋人间要学会有效沟通、学会换位思考，多用"我的信息"表达自己的思想和感受，不要因为缺少沟通而产生误解，同时要避免伤害性的争吵或冷战，因为这些都不利于问题的解决。在解决冲突时还要注意，不要翻旧账，不要贬低对方，不要牵扯对方的家庭。

(五) 保持爱情长久的能力

保持爱情长久的能力，其实需要上述多种能力的综合。有爱的能力的人，是独立的人，有自己独立的价值观和生活空间。有爱的能力的人并不排斥对方，而是尊重对方、信任对方，同时尊重对方的选择，尊重对方的个人隐私，尊重对方的发展，允许对方有个人的生活空间。爱体现于生活的各个方面，学习和发展爱的能力是贯彻每个人一生的任务，它会让人终身受益。爱情是美好而又甜蜜的，但是不具备爱的能力的人，只能收获爱的苦果，难以品尝到爱的甘甜；爱是一种能力，也是一种艺术。

请你回答下列问题，看看自己有恋爱的"资格"了吗？

(1) 你在心理上能够完全离开父母而独立吗？

(2) 你有真正意义上的朋友吗？

(3) 对你的恋人，你能给他(她)什么？

(4) 你对性欲有明确的看法吗？

(5) 如果恋爱受到挫折，你能做到无理由地憎恨对方，不无理地伤害自己吗？

恋爱本来是自然而然发生的，无所谓资格不资格的问题。可是，如果一个人在某种程度上性格尚未成熟，就贸然去谈恋爱，这对其一生的发展可能极为不利。那么，人要成熟到什么程度，才能美满幸福地谈恋爱呢？其实这也没有一个明确的标准，但对上述问题做自问自答是很有意义的。如果你对它们持有肯定回答的态度，那么你就具备了恋爱成功的几项重要条件。

· 思考题 ·

1. 如何理解爱情的内涵？
2. 恋爱中应注意哪些问题？
3. 怎样摆脱失恋的痛苦？
4. 列出自己选择恋人的5条标准。

第六章 管理好你的情绪
——大学生情绪的自我心理调适

·本章提要·

本章主要是使学生了解自身的情绪特点，掌握情绪调适的方法，自主调控情绪，保持良好的情绪状态。

案例链接6-1　情绪失控竟如此可怕

2011年7月21日，北京一中级法院审判庭上出现令人落泪的一幕：已获法律学士学位的北京某高校毕业生连勇，跪在地上苦苦向被其杀害的男孩乐乐父母道歉、忏悔，表示如果能活命，会彻底改造，给乐乐父母养老。然而，这一切都无济于事了，杀人犯连勇最终被判处死刑。连勇犯罪前，先后经历过司法考试落榜、被女友抛弃等一系列打击，认为人们都在欺负他，情绪开始失控，竟因乐乐奔跑时撞了他一下，就把长期压抑的负面情绪迁怒于孩子，将乐乐骗至租住房内活活勒死，酿出如此悲剧！

2011年暑假前的一天，某高校一对热恋的大学生在校园里散步，忽然女生感到有人向她头上吐了口痰，便气愤地大叫起来："谁这么缺德？"原来是教学楼窗户旁边的一位男生在作怪。女生的男友顿时大怒，立马上楼与那男生厮打在一起，女生见状也怒气难平，抄起屋里的板凳击打男生头部，致使那个男生身受重伤死亡。这对恋人怎么也想不到竟因一口痰闯下如此大祸！

亲爱的同学们，目睹着这一幕幕悲剧——一口痰演变成命案，被撞一下竟导致杀人案，当我们看到年轻的大学生因情绪失控频频引发恶性事件，都会情不自禁地发出这样的感叹：情绪失控竟然如此可怕！从上述事件中可以看出，情绪左右人的行为，要保持健康心理，必须管理好自己的情绪。那么，人的情绪是怎么产生的？它有哪些影响作用？怎样调控和管理好自己的情绪……让我们一起来了解一下吧！

第一节　大学生的情绪发展特点及其影响

一、情绪及其产生

情绪是人们在心理活动过程中产生的一种主观体验，这种主观体验以人的不同需要为转移。因此，也可以说情绪是人们在心理活动中，对客观事物是否符合自身需要的态度体验。现实生活中人们往往都有这样的体验：顺利完成任务时会感到轻松和愉快，失去亲人会带来痛苦和悲伤，面对挑衅行为会感到无比气愤，遇到危机事件会引起心理恐惧。这些喜怒悲愤，就是情绪的不同表现，它的产生与变化是多种因素共同作用的结果。

美国心理学家沙赫特和辛格的情绪三因素理论认为，情绪产生不是单纯由客观环境或有机体生理变化来决定，而是客观环境影响、有机体生理变化和人的认知因素三者相互作用的结果，其中人的认知因素在情绪产生中起关键性作用。

1. 情绪的产生受客观环境影响

情绪的本质虽然是一种主观体验，但这种主观体验不是自发的，而是由客观环境影响与刺激引发的。自然环境、社会环境以及自身都有可能成为情绪刺激源。例如，当你步入幽静的园林、置身优美的环境、欣赏盛开的鲜花，顿时会感到轻松和愉悦；相反，学习压力、工作的挫折、人际的冲突会给人带来烦躁和郁闷。人们常说的"触景生情""触目惊心"，指的就是情绪同环境与情景的这种密切关系。

2. 情绪的产生受神经系统活动的制约

情绪同其他心理过程一样，也是人脑的机能。有关情绪生理机制的研究证明，大脑中枢神经结构在情绪的产生中具有调节、控制和整合作用。不同情绪状态下，人的呼吸、皮肤、血液循环、内分泌腺等会发生相应的生理变化。例如，人在暴怒状态下，心跳加快，血压升高；在恐惧状态下，呼吸急促，身体颤抖；在悲痛状态下，呼吸加深，泪流不止。这些生理变化都是人的自主神经系统支配的结果。

3. 情绪的产生同认知因素密切相关

情绪虽然受环境影响，具有生理机制，但能否引起情绪体验以及产生何种情绪体验，与客观事物是否满足人的需要相联系，环境影响与主观需要的相关性，是情绪产生的前提条件。一个人面对优良成绩时之所以感到喜悦，是因为成就感的需要得以满足；一个人受到讥讽时之所以感到气愤，是因为自尊的需要未能得以实现。当客观事物满足人的需要时，就会使人产生积极的情绪体验；当客观事物不能满足人的需要时，就会使人产生消极的情绪体验。而且面对同样的情景，不同的人会产生不同的体验。这是因为情绪的产生与认知过程密切相关。

二、大学生情绪特点及其影响作用

(一) 大学生的情绪特点

大学生相对于中学生来说，情绪变化趋于稳定，情绪发展趋向成熟；同成年人相比，又存在着尚不成熟的方面，表现出独特的情绪特点。

1. 情绪体验不断丰富

大学生心理正处在未成熟向成熟发展的过渡期，他们有着丰富而又复杂的感情世界，个体情绪表现出既有少年儿童时期的天真幼稚，又有成年期的深思熟虑。特别是随着大学生活的不断丰富、社会阅历的不断增多、个人内在需要与兴趣的不断扩展，其情绪体验更加丰富多彩，出现许多前所未有的深刻体验。

2. 情绪表现比较强烈

大学生对外界刺激容易产生比较强烈的情绪体验，喜怒哀乐常常一触即发。他们有时感情用事，表现出过度的兴奋与冲动；有时一旦情绪爆发，自己难以控制，表现出一定的盲目性和狂热性，造成可怕的结果。大学生在处理同学之间的矛盾和对待学业生活中的挫折时，常常容易走极端，给自己及他人带来伤害。例如，他们在心境平静时，对别人的玩笑话不以为然，而在心情烦躁时，就会因一个玩笑、一件小事而大打出手。大学生中发生打架斗殴的事件大多属于此种情景。本章开头所列举的情绪失控造成的两个悲剧，都与大学生的情绪冲动性相关。

3. 情绪变化波动较大

随着认知水平的提高、知识经验的积累，大学生对自己的情绪有一定的控制力，但同成年人相比，又具有明显的波动性。其情绪变化有时跌宕起伏，容易从一个极端跳到另一个极端，可以为一件事的成功激动不已，也会因为一点挫折而垂头丧气；有时表现出高度的兴奋、激动、热情，有时则表现出极端的泄气、绝望、愤怒；可能因一时的成功而产生积极、愉快的情绪体验，甚至骄傲自满，忘乎所以，也可能因一时的挫折、失败而低估自己，甚至悲观失望，表现为大起大落、大喜大怒的两极性。学习成绩的优劣、同学关系的好坏、恋爱的失败等，都会引起大学生的情绪波动。

4. 社会情感更加深刻

随着年龄增长、阅历增多、能力增强，大学生的社会交往需要和精神需要越来越强烈，情感活动越来越丰富，高级社会情感逐渐成熟，由此形成的社会性情感体验也更加丰富与深刻。这种社会性情感的发展，表现为大学生情绪活动的对象增多和内容转变，大学生更多的是关注社会、关心国家、关爱他人，踊跃参加校内外社会活动，积极思索人生意义和价值，努力追求爱国感、集体感、荣誉感、责任感以及人生观、价值观、道德观等高级情感的实现，这种倾向对大学时期的学习生活产生了明显影响。

以上这些情绪特点，表明大学生的情绪体验具有丰富性、深刻性和理智性，同时也具有波动性、冲动性和矛盾性，情绪的不稳定性和可控性是并存的。特别是由于学习和就业压力、人际关系矛盾、恋爱情感困惑等，一些大学生常受到不良情绪的困扰，需要及时进行调节。

(二) 情绪的影响与作用

情绪在人的生理、心理和行为活动中具有重要的影响作用。有的大学生把这种影响作用比喻成火山与冰山：当我情绪高涨时，就像一个喷发的火山，充满豪情壮志，浑身有使不完的力量；当我情绪低落时，却好像一座冰山，一切都冷冰冰的，对什么都不感兴趣。这个比喻形象地表达了情绪对人的重要影响作用。

1. 情绪影响身心健康

心理学、生理学和医学研究成果表明，情绪对人的身心健康具有直接影响作用。保持良好的情绪状态，是身心健康的基础；处于不良情绪状态，则是众多疾病的根源。不良情绪，主要是指过度的情绪反应和持久性的消极情绪，如狂喜、暴怒、悲痛欲绝等，这些情绪会让人的整个心理活动失去平衡，对心理健康产生极大危害，而且会造成生理机制紊乱，导致各种躯体疾病。有研究证明，大约70%的患者同时伴有心理问题，尤其是高血压、心脏病、癌症等病症的发生，多与人的情绪状态有关。人们常说"笑一笑，十年少；愁一愁，白了头"。良好的情绪能增强肌体活力，进而提高免疫力和康复能力，使肌体生理机能处于最佳状态，免疫抗病系统发挥最大效能，从而抗拒心理和生理疾病的袭击，保持良好的情绪状态。长寿者的共同特点之一就是心情愉快、乐观豁达。心情愉快甚至可以改变一个人的容貌，使人容光焕发，神采奕奕。

2. 情绪影响人的认知

认知是情绪形成的关键因素，反过来，情绪也影响着人的认知，在认知过程中发挥着调节作用。你可能有过这样的体验：当情绪高涨、心情愉悦时，往往看什么都顺眼，对自己和他人容易做出积极和肯定的评价；当情绪低落、心情不佳时，则往往看什么都别扭，对自己和他人容易做出消极和否定的评价。这其中的原因就在于情绪对认知活动的影响。

心理知识之窗6-1　投射效应

　　投射效应是指将自己的特点归因到其他人身上的倾向。在认知和对他人形成印象时，以为他人具有与自己相似的特性的现象，把自己的情感、意志、特性投射到他人身上并强加于人，即推己及人的认知障碍。比如，一个心地善良的人会以为别人都是善良的；一个经常算计别人的人就会觉得别人也在算计他。

　　投射使人们倾向于按照自己是什么样的人来知觉他人，而不是按照被观察者的真实情况进行觉知。投射效应是一种严重的认知偏差，同时，也是人们情绪化的表现，辩证地、客观地区别对待别人和对待自己，是克服投射效应的有效方法。

　　一个人若处于良好的情绪状态下，知觉敏锐，记忆能力增强，思路开阔，思维敏捷，学习和工作效率都很高。一个人若处于不良情绪状态下，就容易注意力分散，思路阻塞，思维迟钝，认知范围缩小，使学习和工作效率受影响。在这种不良情绪状态下，人的认知过程最容易以偏概全，以主观代替客观，出现认知上的片面性和主观性。例如，有的家长在气愤时对孩子说："从此与你断绝父子关系！"有的老师生气时对学生不理智地说："再也不认你这个学生！"此时所做的决策，显然是受到不良情绪的影响，容易导致不良后果。

3. 情绪影响人的行为

　　人的许多行为活动是在一定情绪的驱动下进行的。情绪具有适应功能，通过种种情绪体验来引起人的生理、心理反应，使人的行为活动适应生存环境。例如，面临危险时恐惧情绪会促使人设法脱离险境；工作疲倦时的厌烦情绪，会促使人尽快获得休息；面对伤害时的愤怒情绪，会促使人奋起进行自卫。

　　情绪具有动机功能，它可以强化和弱化人的行为动机，对行为活动具有增力或减力作用，积极高涨的情绪会激励人不畏困难，更加奋进；消极低落的情绪则会让人萎靡不振，畏缩不前。

　　情绪还具有组织作用，它一旦产生，便会强烈地影响个体的身心状态，对人的行为活动起着协调与促进作用或破坏与阻断作用。尤其是在不良情绪状态下，人的自控能力明显下降，通常表现为无组织、混乱或瓦解状态，容易使行为活动出现不良后果。

第二节　培养积极乐观的情绪

健康的情绪，是指一个人情绪的发展变化、反应水平和控制能力与其年龄阶段及社会要求相适应，情绪反应的性质、强度和持续时间与引起这种情绪的情境相符合，其主要标志是情绪稳定、适应良好、心情愉快。保持健康情绪的基本方法和途径，是在接纳自己情绪变化、善于调整不良情绪的同时，保持积极乐观的情绪状态，充分体验和享受快乐。快乐是一种平衡和谐的心理状态，也是一种非常美好奇妙的自我感觉。然而，在现实生活中，许多人又常常处于压抑、烦恼和痛苦情绪之中。如何让自己多一些快乐，少一些烦恼？怎样培养积极乐观的良好情绪？其实，快乐在于发现、在于体验、在于培养、在于创造，谁创造和拥有快乐，人生就会放出异样光彩，生命就会奏响动人的乐章。

一、改变认知，发现快乐

有人讲"人生不是缺少快乐，而是缺少发现"，这话很有道理。快乐不会自发产生，也不会由别人赐予，要靠自己去寻找和发现。德国精神科专家诺斯拉特·佩塞施基安博士所倡导的"积极心理认知法"，就是通过改变个人认知，让人在看待周围事物时，尤其是在看待矛盾冲突和自己的不良情绪时，着眼从积极方面来认知，消除消极想象，挖掘潜在能力，从中发现快乐。

1. 用积极的心态看问题，就会发现快乐

用积极的心态看问题，需要打破原有的思维定式，转变思维方式，从多方面来改变认知。即要认识到快乐无处不在，凡事多从积极角度来认识，善于寻找积极因素，不断在自己的生活中发现快乐；要认识到苦中有乐，人生难免遇到种种挫折与困苦，在经历艰难困苦的过程中，快乐也是相伴相随的，因为快乐是克服困难、战胜挫折、苦尽甘来的一种体验；要认识到快乐是参与过程的一种感受，它不仅见之于目标结果，更见于行动过程之中；要认识到不仅人生大事有快乐，日常小事也充满了快乐，如一声赞美、一个微笑，或者同学畅谈、校园漫步，在这些小事之中都能享受到多样的快乐。

2. 在忧心忡忡的时候停止抱怨

心理学家认为，人在情绪不佳的状态下，埋怨指责或许会痛快几秒钟，但是因为自己身处其中，结果还是会给自己带来烦恼。所以，快乐的人从不怨天尤人。

【自我训练方法】今天就停止抱怨，别跟同学喋喋不休地发牢骚，也别因为室友的过失而耿耿于怀，不要抱怨学校食堂的饭菜难吃，也不要抱怨自己的弱点……一星期以内一句抱怨话也不说，坚持下去，会让你心如止水，找到更多快乐！

二、积极暗示，选择快乐

有一位老妇人每天总是高高兴兴的，身边人都受到她的感染，心情十分愉悦。有人问她是如何保持这种好心情的，有哪些神奇的秘诀。"一点都没有，毫无秘密。"老妇人解释说，"很简单，我每天一早起来，就要面对两个选择，是希望这一天快乐呢，还是选择不快乐。你猜我会选择什么？我当然选择快乐呀，所以我整天都心情愉快。"

这位老妇人是在运用积极心理暗示来给自己选择快乐。生活充满了选择，有人选择痛苦，有人选择逃避，有人则选择快乐。积极心理暗示就是给自己一些积极、向上、健康、愉悦的刺激，在自己心中竖起快乐的告示牌，用以激励自己。你可能无法改变环境，也可能无法让他人满足自己的需要，但可以改变自己，可以选择有个更好心情。比如，考试成绩同样是90分，有人会为这得到的90分格外开心，有人却会为失去的10分伤心烦恼。人的情绪是由需要引起的，需要得到满足，人就快乐；需要受到否定，人就压抑。老妇人之所以能保持快乐心态，并不是说她的需要总是能得到满足，而是在她的某种需要没有满足的时候，她还能选择对于自己来说最重要的东西——快乐。

【自我训练方法】清早起来，就锁定目标——心情愉快。起床后，一边洗漱一边在心里暗示自己：我要快乐！快乐比什么都重要！每天早上都这样做，至少坚持3周，当你养成给自己积极心理暗示的习惯时，就会天天给自己一个好心情。

三、忙碌有为，体验快乐

一个人无所事事时，容易想些烦恼的事，情绪会受到影响。一个人处于忙碌有为之中，忧虑就会云消雾散，快乐也会接踵而来。许多心理学家认为，从事工作和学习最容易令人开心，它使人们参加到一种具有挑战性并带有技能性的活动之中，给人带来无穷的乐趣。学习可以让人紧张起来，工作可以让人忙碌起来，学习和工作是最好、最便宜的心理营养剂。

一个人处于不良情绪状态时，可以采用注意力转移法，把情绪兴奋点转到学习或工作上。一方面，勤勤恳恳、认认真真地学习，让学习成为一种追求、一种习惯、一种享受，可以在学习过程中感受力量，享受快乐，收获幸福；另一方面，对工作倾注极大的热情，让自己忙碌起来，可以分散消极情绪，减轻烦恼压力，让自己更加充实，更加充满活力，在忙碌中体验成长的快乐。

【自我训练方法】今晚，放下平日的消遣，写出你早就想做的事，对于需要准备才能完成的事，定好时间表加以安排；对于马上就能进行的活动，事不宜迟，立即行动，把烦恼埋没在有意义的活动之中，你就不会觉得烦躁和无奈，可以在学习和工作中感受到无尽的快乐。

四、培养兴趣，增添快乐

对于音乐爱好者，欣赏歌曲可以给他带来轻松愉悦的感受；对于足球爱好者，活跃在绿茵场上会令他感到兴奋与快乐。人们沉迷于自己感兴趣的事，达到物我两忘时，是最快乐的时刻。对于我们感兴趣的事或着迷的事，无论是绘画、书法、音乐、舞蹈，还是打球、跑步、游泳、登山，只要是全身心投入，就会感到快乐。如果你想多一些快乐，就要多培养一些兴趣和爱好。

1. 体育活动能让人精神振奋

人的大脑存在快乐中枢——蓝斑，每当人们内心充满喜悦的时候，蓝斑内就积聚起一种物质——内啡肽。有人把这种物质称为"快乐素"，它能提高记忆力、增强学习功能，而且还能让愉悦放大，让痛苦缩小。体育运动可以产生"快乐素"，它是解除烦恼的"解毒剂"。注重培养体育爱好和兴趣，多学一些体育技能，多参加几项文娱活动就会多一分快乐。尤其在疲惫或心情烦躁时，去参加自己爱好的体育活动，可以驱除疲惫与烦恼，尽快地恢复到应有的学习或工作状态。

2. 欣赏音乐能让人放松心情

欣赏旋律优美的音乐能够让人放松心情。科学研究证明，音乐能够促进人的肌体的放松，使免疫系统得到强化，内分泌发生改变，同时对人的情绪有着良好的调节作用。不同的音乐能使人产生不同的情绪体验，忧郁、好静、少动的人适合听一些热情奔放、欢快喜悦的作品，如《喜相逢》《假日海滩》《喜洋洋》等，以起到兴奋、开郁的作用；兴奋、多动、焦虑不安的人适合听一些安静舒缓的作品，如《春江花月夜》《催眠曲》《月夜》等，可以起到舒心安神的作用；兴奋过度或焦虑失眠时，可以听莫扎特的优雅宁静的《摇篮曲》、门德尔松的《仲夏夜之梦》等世界名曲；心情不愉快、情绪低落、忧郁、烦躁烦恼时，可以欣赏《红河水》《二泉映月》《小胡笳》等作品，以起到宣悲娱情的作用。《阳光三叠》《空山鸟语》《江南丝竹》等作品可以起到养心益智的作用；《高山流水》《百鸟行》《梅花三弄》等作品则具有养身益寿的功效。目前，在医学治疗与心理治疗中，已经把音乐疗法用于临床手术止痛和心理疾病治疗。

3. 幽默是快乐情绪的催化剂

幽默能给他人带来快乐，也能使自己快乐，让生活更加有滋有味。科学研究表明：笑一分钟，人的全身放松47分钟。开怀大笑或微微一笑，都会使人开心快乐。据说，哲学家苏格拉底有一位脾气暴躁的太太。一天，苏格拉底正与客人说话，太太突然跑进来与苏格拉底大吵起来，并随手将脸盆里的水泼向苏格拉底。局面何其尴尬！苏格拉底并没有生气，他笑了一笑说："我早知道，打雷之后一定会有大雨。"一言解颐，他太太也禁不住笑出声来，尴尬的气氛一下子为欢笑所代替。苏格拉底的有意曲解，形成了巧妙的幽默。幽默是知识与智慧的闪现，是丰富想象的表达，是乐观情绪的流露，人们应该在学习和生活中培养自己的幽默感。

【自我训练方法】每天坚持运动至少30分钟，常常听听音乐，时常说说笑话，快乐就会常在你身边。

五、关爱他人，分享快乐

现在流行这样一句话——你快乐，我也快乐，说的就是在人与人的关系上，人们对关爱、友善、利他等品德和行为的追求、称颂和体验。在别人最需要帮助的时候，你能友善地对待别人，给予别人关心、同情和鼓励，使别人获得快乐，同时你也能分享到快乐。这是因为，一方面，你在关爱和帮助他人的时候，自己从善心理和责任感得到满足，内疚心理得以清除，心里便会油然地产生一种快乐感；另一方面，对他人给予关爱和帮助，可以受到他人的尊重和信任，得到他人的友善和称赞，使自己的自尊心理和荣誉感得到满足，带来快乐的心情。

通过关爱和帮助他人来分享快乐，是情绪升华的具体运用。情绪升华是指遇到困境或挫折时，能自觉地把心理自救的力量引向对自己、对他人、对社会都有利的方面，在获得成功的满足时，不但摆脱了心理困惑，也获得了快乐。

利用情感升华法来处理自己的情绪，需要把握的是：在自我心理自救时，尽量不要把不良情绪传染给别人，因为人们喜欢分享的是快乐；在与人交往中多传播快乐，多把自己高兴的事分享给别人，因为与他人分享快乐会使双方都感到快乐；要倾注关爱之心，弘扬友善之德，多行助人之举，在助人为乐中分享快乐。

【自我训练方法】今天开始，从身边小事做起，每天为别人做三五件好事，事情可大可小，甚至可以包括对老师、同学道声谢、问声好。

第三节　大学生不良情绪的表现及调适

不良情绪主要表现为情绪反应过度、情绪过于低落和负性情绪持续时间过长。一个人遇到不顺心、不如意的事情，导致情绪低落，这是正常的现象，但这种情绪持续时间过长就容易形成消极的不良情绪。不良情绪具有强大的破坏力，不仅使人的心灵饱受煎熬，还会摧残人的肌体，危害人的身心健康。因此，能否接纳并管理好自己的情绪，关系到我们的生活质量、人格发展、学业进步和人生幸福。对大学生来讲，年轻人容易被抑郁、焦虑、愤怒、恐惧、自卑、嫉妒、冷漠等不良情绪困扰。这里主要介绍三种常见不良情绪的表现及调适方法。

一、抑郁情绪的表现及调适

校园里常听到有人说："我好郁闷啊！""郁闷"一词曾一度成为一些大学生的口头禅，抑郁情绪也是大学生中常见的一种不良情绪反应。从调查中发现，大一学生多为现实学习环境出乎自己想象、丧失学习动力或迷失人生目标而郁闷；大二学生多为校园人际关系以及一些复杂的社会现象而郁闷；大三和大四学生则为考研、就业和恋爱带来的一系列问题而抑郁烦躁。这种郁闷，实际上都是抑郁情绪的表现。

抑郁情绪是一种过度忧愁的心情，是一种感到无力应对外界压力而产生的消极情绪。抑郁情绪的主要表现是情绪低落、无精打采、烦恼寂寞、忧心忡忡、不愿社交、故意回避熟人，有时伴有失眠、疲劳、头晕、头痛等生理反应。如果一个人在较长时间里情绪不好、闷闷不乐，总觉得自己什么都不好，看什么都不顺眼，干什么都高兴不起来，就容易导致心情抑郁。

抑郁情绪一般是因为遭遇压力、长期处于焦虑状态所引发，是心理防卫过度造成的结果。现实生活中，人人都可以经历挫折和坎坷，有的人乐观开朗、坦然面对，有的人则背上包袱、郁郁寡欢。处于抑郁状态的人，往往是对自己的想法、感情以及身体变化过于担心的人；是面临各种压力不知所措、不积极采取最佳解决办法的人；是竭力压抑情感，不使感情外露的人；是性格内向孤僻、多疑多虑，不爱交际和受负面事件影响较重的人。

抑郁情绪不是抑郁症，但是如果时常处于抑郁苦闷的情绪状态下，容易发展成抑郁症。确诊抑郁症的标准主要有两条：一是严重程度，心情低落达到苦闷而挥之不去的程度，达到妨碍心理功能(如注意力、记忆、思考等)和社会功能(如上班、上学、社交等)的程度；二是时限性，情绪低落状态几乎每天出现，并且持续时间至少两周以上。据资料表明，抑郁症已成为现代流行病，是人类第一号心理杀手，患病者自杀率高达12%。据世界卫生组织统计，全世界每年有80万人死于自杀，其中一半以上是抑郁症导致的。从文学巨匠海明威、作家三毛到艺人张国荣，自杀原因都源于抑郁症。摆脱抑郁情绪，需要及时进行自我心理调适，这里介绍几种有效消除抑郁的"心理处方"。

(一) 理性情绪疗法

当你感到压抑沮丧的时候，彻底抛弃下面容易导致心理障碍的11种非理性信念，可以使你摆脱抑郁情绪的困扰。这些非理性信念主要是：

(1) 自己绝对要获得周围人，尤其是周围重要人物的喜爱和赞许；

(2) 要求自己是全能的，只有在人生道路的每一个环节都有成就，才能体现自己的人生价值；

(3) 世界上有许多无用的、可憎的、邪恶的坏人，对他们应歧视和排斥，给予严厉的谴责和惩罚；

(4) 当生活中出现不如意的事情时，就有大难临头的感觉；

(5) 人生道路上充满艰难困苦，人的压力和责任太重，因此要逃避现实；

(6) 人的不愉快均由外在的因素造成，因此，人是无法克服痛苦或困扰的；

(7) 对危险和可怕的事情应该提高警惕，时刻关注，随时应对它们的发生；

(8) 一个人以往的经历决定了现在的行为，而且这些行为是永远无法改变的；

(9) 人是需要依赖他人而生活的，总希望有一个强有力的人让自己依附；

(10) 应该十分投入地关心他人，为他人的问题而伤心难过，这样才能让自己的情感得到寄托；

(11) 人生中的每一个问题，都要有一个精确的答案和完美的解决办法，一旦不能如此，就十分痛苦。

心理学家韦德勒总结出以上不合理信念的三个特征：

(1) 绝对化的要求。持这种信念的人总在想："周围的人必须对我好""生活道路上应该是一帆风顺"，这种信念令人很难适应复杂的社会生活，一旦遇到坎坷和不如意，容易使人陷入痛苦情绪之中。

(2) 以偏概全。持这种信念的人，当自己某件事未成功，如一次考试失利，就认为自己是"一无是处""一钱不值"，从而产生自卑感、罪恶感。

(3) 糟糕至极。持这种信念的人是用一种畏惧和惊慌不安的心理看世界的，似乎不久就会大难临头，因而被焦虑不安的情绪所笼罩。这是抑郁症、强迫症发生的认知根源。

(二) 五步走出抑郁法

此方法是我国台湾地区情绪管理专家吴国庆推荐的。

第一步，先处理情绪，再处理问题。在情绪很差的情况下，一味地去想所面临的问题和困境可能只会钻牛角尖，很难找到更好的解决之道。比较好的做法是：先试着做一些与解决问题无关却可以提升自己情绪的活动，宣泄心中的不悦，让自己的情绪变得好一些。

第二步，发出心情不佳的信息。出现忧郁情绪时，请你向亲人发出心情不佳的信息。如果你觉得不知道怎么做，建议你事先让亲人知道你情绪低落时有什么表征，以及希望他们发现了以后怎么去做。

第三步，让"身体活动起来"，提升情绪。出现忧郁情绪时，一般人通常最想做的就是蜷缩在角落里不动。这时候千方百计地让自己的身体活动起来，是提升情绪的不二法门。

第四步，多样化思考问题。情绪有所提升后，才是面对问题的恰当时机。处理问题除要思索可能的解决方法外，还要让自己看问题的观点尽量多样化、丰富化。至于如何让自己的思考变得富有弹性，不妨多询问他人的观点，特别是那些有经验的人。

第五步，重新审视自己的价值观。"从负面事件看出正面的价值"是人类因挫折而变得成熟的重要步骤。忧郁情绪可以促使我们重新审视自己的价值观和内心追求，进而逐步调整到最适合自己的状态，借着不断的调整，个人与环境的"契合度"才会越来越高。

(三) 倾诉宣泄法

倾诉宣泄法就是采用适当的方式把负面情绪说出来、写出来、喊出来，甚至是哭出来，但要注意发泄的对象、地点、场合和方法，避免伤害别人。

(1) 在郁闷烦恼时，不妨找好朋友聊聊，或去做心理咨询，把内心的烦恼说出来，心情会顿感舒畅，当心情痛苦又无人可倾诉时，或是对外人说不出口时，可以进行自我倾诉，这是最安全的宣泄方法。研究人类大脑的美国专家指出："把负面感受说出来，可以减弱恐惧、惊慌等强烈情感对大脑组织的刺激，还能激活控制情绪冲动的大脑区域，有助于减轻悲伤和愤怒。"当你试着和自己说点什么时，心理上已经产生一种应激反应，可以中和不良情绪。

(2) 在找不到合适的倾诉对象时，也可以把心中的抑郁通过记日记等方式"把烦恼写出来"，这是2010年美国心理协会向全美白领推荐的最新减压方法。心理学研究证实，持续6周用书写方式倾诉压力和烦恼，人的心态会在6周后变得积极，抗压性明显增强，甚至免疫细胞的免疫力都有提升。

(3) 找适当的地方放声大喊，宣泄一番，也是发泄情绪的好方法，可以及时将郁闷"驱逐出境"。人在想哭的时候，应该尽情地哭出来，眼泪可以将心中的郁闷和烦恼冲淡，排泄一些负面情绪，从而让心理和身体恢复到平衡状态。

(四) 运动调适法

当心情太压抑、情绪不好时，让身体活动起来，可以有效地调节情绪，哪怕是散步10分钟，对克服不佳心境也有明显效果。每天还可以进行一次伸展身体的锻炼，因为心情抑郁的人走路时，手臂、脚步、躯干的姿态呈现一种萎靡状态，如果在体姿上改变这种状态，让肌肉放松下来，抑郁情绪就会减轻。

大自然的奇山秀水常震撼人的心灵。当你登上高山，会顿感心胸开阔；放眼大海，会有超脱之感；走进森林，会觉得一切都那么清新。可以选择周末休息时同朋友结伴出游，走进大自然中观赏诱人的名胜古迹，阅览优美的自然风光，让赏心悦目的自然环境驱逐抑郁情绪，使你忘掉那些不愉快的事情，帮你恢复积极的心态和充沛的精力，迎接紧张的学习和生活。这种美好的感觉往往都是良好情绪的诱导剂。此外，运动调适法还有放松法，可以进行放松训练，主要有呼吸放松法、肌肉放松法、想象放松法等。

【心理自助训练】6-1 呼吸放松法

呼吸放松有三种准备姿势：坐姿、卧姿和站姿。

坐姿：坐在凳子或椅子上，身体挺拔，腹部微微收缩，背不靠椅背，双脚着地，并与肩同宽，排除杂念，双目微闭。

卧姿：平稳地躺在床上或沙发上，双脚伸直并拢，双手自然地伸直，放在身体两侧，排除杂念，双目微闭。

站姿：站在地上，双脚与肩同宽，双手自然下垂，排除其他想法，双目微闭。

呼吸放松的步骤如下所示。

第一步，找一个地方舒服地躺下、坐下或站好(在一开始练习时最好能够有一个较为自在的空间与姿势，等到熟练之后随处都可进行，即便是在走路时也可以)。

第二步，将注意力放在腹部上(初练者可以将自己的手放在腹部以帮助集中注意力)，感受一下自己的呼吸(大约一分钟，一般人只要这么做呼吸就会变慢)。

第三步，开始腹式呼吸(吸气时闭上嘴，用鼻子吸气，并让腹部很自然地慢慢鼓起，胸部只在腹部鼓起时跟着微微鼓起；呼气时略张开嘴呈O形，将气由口中吐出发出"吁"声，此时胸部与腹部会很自然地松下来；如此循环呼吸数次)。

第四步，放慢呼吸的速度(你可以一边呼吸一边告诉自己："我的呼吸越来越均匀，越来越自然，越来越慢，越来越慢……我的身体越来越放松……随着我的呼吸，我觉得越来越放松……"如此便会很自然地让自己的呼吸放慢下来，但是别忘记还是要依循上述腹式呼吸的方法)。

每天进行上述的练习数次，尤其是在睡觉前，如此将可有效地放松自己以帮助睡眠。而等到越来越熟练之后，不论站着、坐着、走路等都可以做这样的练习，尤其是在情绪焦躁不安时更要反复进行练习。

【心理自助训练】6-2　肌肉放松法

逐步放松各组肌肉，把每一组肌肉先收紧5~10秒钟，然后完全放松。从脚部开始(或从头部开始)至腿部、臀部、腹部、背部、胸部、肩部、颈部、面部、头部，这样可以帮助我们解除全身的紧张。建议在早晨醒来后和夜晚临睡前各做一次，或者在感到焦虑紧张时做。

【心理自助训练】6-3：想象放松法

想象放松法主要是在语言的引导下，借助想象的力量，让我们去往任何一个能让我们的身心得到放松的地方。

使用这种方法时，先找一个无人打扰的环境，仰卧，四肢伸展放平感到舒服，微闭双眼，深缓均匀地呼吸。想象最能让自己感到舒适、惬意、放松的情境，如大海边，想象自己躺在沙滩上，感受着阳光的温暖，听着海浪的声音，感到温暖、舒服。细沙软绵绵的，海风轻柔柔的，想象自己的呼吸变得深沉缓慢，心跳慢而有力；你心里安静极了，已经感觉不到周围的一切，周围好像没有任何东西，安然躺卧在大自然中，非常轻松，十分自在……

二、焦虑情绪的表现及调适

焦虑情绪是人们对危险的不相称的担忧反应，同时带有某种不愉快的情绪体验。对于焦虑情绪的产生有多种理论，较有说服力的理论有两种。一是挫折理论。挫折理论认为，人遭遇挫折会导致愤怒和攻击性，愤怒和攻击性易引起恐惧，恐惧则会导致焦虑。挫折理论认为，引起焦虑的模式是：挫折—愤怒、恐惧、攻击性—恐惧、焦虑。二是精神分析理论。精神分析理论把焦虑症的起因归结为压抑的无意识冲突，焦虑症的精神分析治疗就是帮助患者领悟他们内在心理冲突的根源。

恐惧焦虑状态可以突然产生，也可以缓慢产生。恐惧焦虑发生时会有一种说不出的紧张、不安等不适感。适度的焦虑可以使人进入紧张激动状态，使注意力、思考力、反应能力和适应力得到增强，活动效率得到提高，具有积极意义。过度焦虑则是一种负面情绪，主要表现是经常紧张不安、忧心忡忡、焦虑烦躁、情绪易激动、注意力难集中、记忆力下降等。大学生过度焦虑的原因也是多方面的，主要由生活环境改变引起的适应焦虑、学习中出现的考试焦虑、因身体状况引起的健康焦虑、因求职择业所产生的就业焦虑等。过度的焦虑会影响大学生的学习和生活，有害身体健康，严重者可发展成焦虑症。所以，大学生要学会自我心理调适，防止焦虑情绪的长期困扰，尤其是消除过度的焦虑。

当你被焦虑情绪困扰时，建议你采取以下方法进行自我调适。

(一) 接纳自己的情绪

人们在焦虑情绪状态下，不易正确认识和接纳自己的情绪，反而易烦躁、发火或激动，然而出现这些行为后又感到自责，产生新的焦虑。在焦虑困扰时，我们要真正接纳自己的情绪，分析情绪产生的原因，对自己的情绪状态不回避、不否定、不多虑，学会与焦虑情绪共处，抑制不良情绪的发展。

(二) 转移注意力

出现焦虑情绪，是因为注意力集中到了焦虑事件上。当焦虑困扰时，转移自己的注意力是一种调适情绪的好办法，如调换所处的环境、找朋友消遣、进行户外运动、观看娱乐节目等，做一些自己感兴趣的事。

(三) 进行认知调适

焦虑情绪往往由出现矛盾冲突或遭受挫折而引起，正确认识冲突或挫折的原因是化解焦虑情绪的关键。认知调适法，就是采用全面客观的归因方式，对挫折原因做正确归因判断，主动调整自己的态度，以此来纠正认知上的偏差，消除种种焦虑情绪。下面介绍其主要步骤，当你产生焦虑时，不妨试一试。

第一步：问问自己。我怕什么或我焦虑什么？我为什么怕或为什么会焦虑？我是把这些结论建立在什么基础上的？

对这些问题做直截了当的探索，越具体越好，找出事实的真相。最好是拿出纸和笔，清楚地写下来，问题才会明朗。比如，我怕或焦虑是因为学习成绩不好，特别是英语这一科可能考试不及格，因为我的英语基础不好。

第二步：理解焦虑。纵然我所怕的事情真的发生了，或最坏的结果出现了，是否真的那么可怕？他人是否也经历过类似的遭遇？他们是不是就不行了？如果所怕的事情真的发生了，我以后就无法生存下去了吗？

前两个步骤很重要，因为认知调适法让你与事实相联系起来，把你从自己歪曲的假设中解脱出来。

第三步：面对现实。现在的真正问题是什么？(怕英语考试不及格)问题的起因是什么？(因为我的英语基础很不好)解决的办法有哪些？(加强学习或请同学、老师辅导)我做

什么能改变现状？(我决定请老师辅导)什么时候开始做？(明天就开始)

焦虑情绪还可以用自我放松法进行调适。

三、愤怒情绪的表现及调适

愤怒是人的基本情绪反应，是一种短暂情绪状态，它的产生原因是个人感到自尊心受挫、人格受侮辱、人身安全受威胁、受到不公平待遇、个人目的受阻、对所关注事件不满。心理学家卡洛尔•伊泽德曾经描述：在你感到愤怒的时候，心跳加快，血液涌向脸和每一块肌肉。由于肌肉过度紧张，你有要爆发的冲动。一遇不顺心的事，肾上腺素会突然上升，导致愤怒突然爆发。

愤怒情绪本身不是什么问题，如果表达不当则容易出现问题。有些人不能控制自己的情绪，常常因为一些不爱听的话或不顺心的事而怒不可遏，大吵大闹，甚至大打出手，造成严重后果。愤怒情绪还会导致大脑皮层处于紧张状态，血管、心脏等处于亢奋状态，神经系统出现紊乱，容易诱发心脏疾病，尤其是强烈愤怒情绪反应会使血压升高、心跳加快，有时甚至危及生命。所以，有人把这种不良情绪比喻为生命"断路器"，把生气发火看成是慢性自杀。

对于愤怒情绪的自我调适，应该着眼于理性表达和自我化解。这是因为随意发泄愤怒有害自己、伤害他人、不利社会，也不能解决问题。把愤怒强行压抑下去，则不利身心健康，容易形成抑郁，且愤怒情绪也不会消失。在愤怒难平时，建议你学会适当表达和理解疏导的方法。

(一) 理智疏导

人在勃然大怒时，容易出现很多错误举动或失态行为，与其事后后悔不如事前加以自制，学会正确疏导自己的情绪，让自己平息怒气。

心理知识之窗6-2　　如何发泄愤怒情绪

一天，美国前陆军部长斯坦顿来到林肯那里，气呼呼地说一位少将用侮辱的话指责他偏袒一些人。林肯建议斯坦顿，写一封内容尖刻的信回敬那家伙。

"可以狠狠地骂他一顿。"林肯说。斯坦顿立刻写了一封措辞强烈的信，然后拿给总统看。

"对了，对了。"林肯高声叫好，"要的就是这个！好好教训他一顿，真写绝了，斯坦顿。"

但是，当斯坦顿把信叠好装进信封里时，林肯却叫住他，问道："你干什么？"

"寄出去呀。"斯坦顿有些摸不着头脑了。

"不要胡闹。"林肯大声说:"这封信不能发,快把它扔到炉子里去。凡是生气时写的信,我都是这样处理的。这封信写得好,写的时候你已经解了气,现在感觉好多了吧,那么就请你把它烧掉,再写第二封信吧。"

1. 意识控制

在愤愤不已的情绪即将爆发时,可以凭意识加以控制,提醒自己:生气是虐待自己!进行自我暗示:别发火,发火伤害身体。命令自己:千万不要动怒!还可以强迫自己数数,从10倒数到1,这样可以有效地控制暴怒。

2. 闭口倾听

当双方争执又难以说服对方时,自己最好是先不说话,让对方把话说完,这样可以避过对方的"气头",也能了解对方的想法,有利于风平浪静地解决问题。

3. 冷静自问

人在愤怒时,认识范围缩小,理智思维受到抑制,认识和处理问题不冷静、好冲突,甚至出现攻击性行为。专家提醒,此时首先要冷静思考3分钟,避免过激行为;然后再问一问自己:我为什么生气?这事或这人值得我生气吗?生气能解决问题吗?生气对我有什么好处?尽可能冷静思考事件的前因后果。这样有助于冷静头脑,平息怒气。

4. 换位思考

遇到令人生气的事情时,不妨站在对方的角度想一想,考虑一下对方的话是否有道理,体会一下对方是怎样一种心情,想一想别人会怎么处理,这样可以缓解愤怒的情绪、增加理性思考。凡是让人生气发怒的事情,都有一定的原因,进行换位思考能增进相互理解,在多种方法的比较中选择更合适的处理方法。

心理知识之窗6-3 换个角度看事情

有个小故事,讲一位老太太有两个儿子,大儿子卖伞为生,二儿子晒盐为生。每到阴天下雨的时候,老太太就为老二发愁:这下雨天,可怎么晒盐呀!可天晴的时候,她又为老大发愁:不下雨,伞怎么能卖得出去呢?于是一年到头,老太太脸上总是愁云密布。后来村里有一人对老太太说:"您真是太有福气了,阴天下雨的时候,大儿子生意好,风和日丽的时候,二儿子生意好,你每天都该高兴才是啊!"

(二) 适当表达

长时间强制地压抑自己的愤怒情绪会影响身体健康、削弱人的自尊心,还容易把愤怒或怨恨转向自己,产生内疚和懊恼,形成抑郁心理。所以,人在愤怒难平时,最好能及时、适当地表达出来，不要总是闷在心里。

表达自己愤怒的情绪，要抱着一种真诚、负责任的态度，不要采取暴力方式和过火行为，否则会带来伤害和仇恨；可以直言不讳地告诉对方，是什么让你感到愤怒或受到伤害，告诉他你真正希望他做的是什么；主要针对你愤怒的事情，而尽量不要针对哪个人；可以批评他人的行为，但不要指责他人的才智；批评要针对当前情境，不要涉及过去的事情，更不要涉及家庭。比如说"这件事真的让我很生气"，这是针对事件；如果说"你这混蛋怎么做出这种事情"，就是针对人了。

(三) 善于化解

在现实生活中，许多矛盾冲突是由认知角度、思想观念、处理方式的不同而形成的，还有些矛盾是由误会而引起的。在这种情况下，动怒非但不能解决问题，反而会把问题复杂化。此时需要的是宽宏大度和谅解包容，在善于化解矛盾冲突的同时，也要善于化解自己的不良情绪。为此要做到以下几点。

1. 提高容忍力

包容是一种智慧和美德，容忍是平息愤怒的良药。"忍一时风平浪静，退一步海阔天空。"在遇到让你气愤的事情时，应该理智地克制自己，忍受一时的不快，少指责、少怪罪，多理解、多宽容，这样可以"化干戈为玉帛"。

2. 适度做些让步

发生矛盾冲突时，适当做些让步，这不是懦弱，而是一种修养。在愤怒难平时，如果你能适度做些让步，得饶人处且饶人，对方也往往会做出让步，这样不但使你减轻精神上的压力，还会带来成熟和满意的感受。

3. 学会宽容谅解

有人讲"不能生气的人是呆子，而不去生气的人才算聪明"，这话是有道理的。遇到不顺心的事，或遇到让你生气的事，可以采取心理放松的方式对自己说"小事一桩""不必计较""没什么关系"，这样会使怒气消散，矛盾冲突得以化解。

心理自助训练6-4　情绪调节小技巧

1. 绿色和蓝色可平复心情，使人平静。心情不好时，可以穿这两种颜色的衣服，或者让自己接近大自然。

2. 多吃鱼肉、浅酌红酒、常用橄榄油、多喝鲜牛奶、多吃粗粮；服用含DHA的鱼油、B族维生素，有助于对抗压力。

3. 冥想：心情不好时，暂时出逃到一个安静的环境，静坐、发呆，让大脑放空，或者想象愉快的场景，以及任何能使你平静、放松的视觉形象。

4. 全神贯注地做一件你喜欢的、不需要动脑的事，如弹奏乐器、折纸、剪窗花、园艺等，均可放松身心。

5. 往人堆里扎。独处会加重独孤与抑郁，偶尔溜达到热闹的咖啡店或肯德基坐坐，让自己淹没在人群中，沉浸在嘈杂声中，有振奋情绪的作用。

6. 清理杂物。花几个小时把自己书桌、衣柜里的东西好好整理一遍，扔掉多余的东西，井井有条的感觉会让心情也轻松一些。

7. 打扫卫生。把桌子、柜子、床以及平时无暇打理的卫生死角都认认真真地擦洗干净。

8. 创造。有创意的工作能带来满足感，即使你不是艺术家或画家，也可以随手涂鸦作一幅画，写一些文字，自己设计一件东西，一定比被动地躺在被窝里或看电视更有乐趣。

9. 帮助他人。助人自助，适当参加一些志愿者的活动，如探望孤寡老人，到福利院和小朋友一起玩，帮助比自己更不幸的人，会让你沉郁的心情逐渐开朗。

10. 打理自己的外表。精神靓丽的外表会带来愉快和自信。洗澡、洗头、美容、化妆、做个漂亮的发型、买几件心仪的衣服，都是很好的选择。

· 思考题 ·

1. 情绪情感有哪些功能？
2. 当代大学生情绪发展有哪些特点？
3. 大学生如何调适自己的不良情绪？

第七章 锤炼你的抗逆力
——应对压力与挫折的心理调适

· 本章提要 ·

本章主要是使学生正确理解压力和挫折，了解大学生压力及挫折的主要来源，了解压力与挫折对人生的意义，学会正确管理压力和应对挫折。

> "钢是在烈火和急剧冷却里锻炼出来的，所以才能坚硬和什么也不怕。我们的一代也是这样在斗争中和可怕的考验中锻炼出来的，学习了不在生活面前屈服。"
>
> ——尼·奥斯特洛夫斯基

案例链接7-1　乐观生活，不惧磨难

出生于1991年的孟佩杰，有着不幸的童年。她5岁时生父因车祸去世，生母无奈将她送人领养，不久生母因病去世；5岁的孟佩杰由养母照顾，三年后养母刘芳英因病瘫痪。不久后，养父不堪生活压力离家出走，此后杳无音讯。

从此，孟佩杰日复一日照料养母刘芳英，任劳任怨，不离不弃。2009年，孟佩杰被距离家乡数百公里的山西师范大学临汾学院录取，不放心养母的她决定"带着母亲上大学"，在学校附近租了房子，继续悉心照料着养母。

《感动中国》给孟佩杰的颁奖词是：在贫困中，她任劳任怨，乐观开朗，用青春的朝气驱赶种种不幸；在艰难里，她无怨无悔，坚守清贫，让传统的孝道充满每个细节。虽然艰辛填满四千多个日子，可她的笑容依然灿烂如花。

亲爱的同学们，孟佩杰为什么在遭遇了一系列挫折和生活压力后，依然能积极生活？她坚强的内心是如何练就的？她小小年纪，撑起几经风雨的家。她对压力的管理和对挫折的应对能力，赢得了千万人的敬佩。那么，什么是压力和挫折？它们是怎样产生的？应该如何应对压力和挫折……让我们带着这些问题，一起走进开心课堂！

第一节　压力与挫折概述

一、压力及其产生

人的压力来源于社会生活的各个方面，是不可避免的，世界上每个人的一生都会经历这样或那样的压力。适度的压力会变成个人成长的内部驱动力，促进个体的健康发展，但过度的压力会损害人的身心健康。

(一) 压力的定义

压力是指作用于物体的力。心理压力又称精神压力，是指个体在面对难以适应的外界环境要求或威胁时产生的心理体验，是人们的需要和满足需要的能力之间存在不平衡时所产生的一种生理上和心理上的反应。

(二) 压力的产生

压力产生的来源即压力源，它是指具有威胁性或伤害性并因此带来压力感受的事件或环境。压力源并非来源于真正的外部要求和个体各种能力之间的不平衡，而是个体知觉到这两者的不平衡。

1. 躯体性压力源

它是指通过对人的躯体直接发生刺激作用而造成的人的身心紧张的刺激物，包括物理性刺激物(过高或过低的温度)、化学性刺激物(酸、碱)、生物性刺激物(细菌、微生物)等。

2. 心理性压力源

它是指来自人们头脑中的紧张性信息，如心理冲突与挫折，不祥预感以及与学习、工作有关的紧张性刺激等。心理性压力源直接来自人的头脑，反映人心理方面的困难。当一个人面对压力时，在没有任何实际压力反应之前会先辨认压力和评价压力，如果把压力的威胁性估计过大，对自己应对压力的实际能力估计过低，那么对压力的反应必然也大。

3. 社会性压力源

它是指造成个人生活方式上的变化，并要求对其做出调整和适应的情境与事件，如个人生活中的变化和社会生活中的重要事件等。

4. 文化性压力源

它是指从一种语言环境或文化背景进入另一种语言环境或文化背景中，使人面临全新的生活环境、陌生的风俗习惯和不同的生活方式，从而产生压力。例如，新生进入大学不适应或出国留学与人沟通困难等。

(三) 压力的弹簧效应

压弹是在压力中反弹的能力。按照美国心理学会的定义：压弹指个人面对生活逆境、挫折、悲剧、威胁及其他重大压力的良好适应，也是个人面对生活压力和挫折时的"反弹能力"。压力承受就好比弹簧一样，当压力过重时，弹簧会因为承受压力过大而失去作用；而当压力过轻时，弹簧会因为承受压力过小而不发生作用；只有当压力适中时，弹簧才会发挥作用。

总之，压力对于个人来说并非都是坏事，人在最初面对生活挫折和困境时，首先体验到的是烦恼与焦虑，但如能积极化解，人所感到的就是力量与信心。

二、挫折及其产生

人生不可避免地会与挫折相遇，甚至有时会长时间遭受挫败，如此便容易破坏你的健康心态，甚至影响你的一生。于是，正确认识挫折、掌握应对挫折的方法，培养克服挫折的能力，不仅有利于大学生顺利完成学业，也有助于大学生的成长与发展。

(一) 挫折的定义

现实生活中，人们会不断地产生各种各样的需要，这种需要又使人们产生动机，进而产生行为活动的目标。在实现目标的过程中，随时随地都可能遇到阻力。心理学认为，所谓挫折就是指人们在有目的的活动中，遇到无法克服或自以为无法克服的障碍和干扰，使需要和动机不能获得满足时，所产生的紧张状态和情绪反应。构成挫折的要素有以下三个方面。

1. 挫折情境

挫折情境是使需要不能获得满足的内外障碍、干扰等情境状态或情境条件，如考试不及格、比赛成绩不理想、恋爱求婚遭到拒绝等。

2. 挫折认知

挫折认知是对挫折情境的知觉、认识和评价。它既包括对实际遭受挫折情境的认知，也包括对想象中可能出现的挫折情境的认知。不同的人对相同的挫折情境产生的心理压力也不尽相同。个人的心理结构影响着对挫折情境的知觉判断。如有的人总怀疑别人在议论自己、看不起自己，虽然事实并非如此，但也会由此产生与他人关系不和睦的体验。

3. 挫折反应

挫折反应是伴随着挫折认知，对于自己的需要不能满足时，所产生的情绪反应和行为反应。常见的挫折反应有愤怒、焦虑、紧张、躲避或攻击等。

以上三个要素同时存在时，便构成典型的心理挫折，其中挫折认知是最重要的因素，挫折反应的性质及程度主要取决于挫折认知。

(二) 挫折的产生

动机需求理论认为，人的需要产生动机，动机支配人的行为，行为指向一定的目标，并力求实现这些目标。但在动机指向目标和实现目标的行为过程中，一旦受到阻碍和干扰，致使目标不能实现，就会产生挫折。

挫折的产生与五种因素有关：需要和由此产生的动机；在动力驱使下有目的的行为；挫折情境；挫折认知；挫折反应。

在这五种因素当中，挫折认知是最重要的因素，因为挫折情境只有在被知觉后才会产生挫折感，如果不被知觉，即使挫折情境实际存在，也不会有挫折感。实际上，挫折是当事人的一种自我内心感受。当事人是否有挫折感，挫折反应强与弱，主要取决于当事人对挫折情境以及对自己的动机、目标及结果之间关系的知觉、认识、评价和感受。不同的人，需要和动机的强度，对现实、对实现目标的评价标准，对自我的预期以及对挫折的归因等都不尽相同。即使面对同样的挫折情境，不同的人也会产生不同的挫折反应。如同考试不及格，有的同学痛不欲生、有的同学懊悔不已、有的同学则不以为然，就是由于他们对考试不及格这一挫折情境的认知不同所造成的。

三、压力与挫折对人生发展的意义

(一) 压力与挫折可以使人成长得更坚强、成熟

生活中的压力与挫折，并不都是坏事。平静、安逸、舒适的生活，往往使人安于现状，耽于享乐；而压力与挫折，却能使人变得坚强起来。"自古雄才多磨难，从来纨绔少伟男"，这其中的道理也就在于此。痛苦和磨难，不仅使人磨炼得更坚强，而且还能丰富人生阅历，积累社会生活经验，使人更加成熟。如果一个人从小到大总是一帆风顺，没有一点压力和挫折的磨炼，一旦独立生活，遇到一点不顺，就可能发生矛盾冲突，很难适应社会环境。这也是许多年轻人心理承受能力差的主要原因。

(二) 把克服压力当成人生的功课

每个人对压力的敏感度和承受程度不同，原因在于，肯不肯让自己变成压力转化器。越是顶尖行业里的顶尖人士，接受过的压力也比常人要大得多。

(三) 挫折可以使人变得更聪明、睿智

人们常说的"吃一堑，长一智"，就是对挫折意义的一种肯定。挫折能让人深入思考，更加深刻地认识事物的本质和规律；挫折能够让人自省，从中总结吸取经验教训；挫折还能够激励人不断创新，在实践探索中，开辟成功的道路。许多成功人士就是在一次又一次的失败中，不断总结经验教训，丰富人生经验，变得更聪明、更有智慧，最终走上了成功之路。

(四) 压力与挫折具有激励人自强不息的功能

人们常说逆境成才，就是因为逆境下人们有强烈的谋求变化的欲望，所以成才动机也就更强。而在顺境中，因为需要得到满足，心理动机就会变弱，惰性也容易逐渐滋长，让人无所用心、无所事事。英国哲学家培根说过："超越自然的奇迹多是在对逆境的征服中出现的。"压力与挫折可以使人驱走惰性，让人积极进取，成为催人奋进的动力。

(五) 压力与挫折可以锻炼人的意志力

当代大学生是在父母呵护下、在舒适的生活环境中长大，从小学到大学，直到求职择业，许多人的压力都由父母承受，这样就容易变得依赖性强，心理承受能力低，缺乏忍耐力。其实，生活中的许多轻度压力与挫折，像是意志力的"运动场"，当你大汗淋漓地跑完全程，就会获得快乐的体验和坚强的毅力。心理学家把轻度的压力和挫折比作"精神补品"，因为每战胜一次压力和挫折，都强化了自身的力量，为下一次应对压力与挫折提供了"精神力量"。

第二节　大学生的压力与挫折分析

案例链接7-2　大学生心理压力现状调查

对某重点大学916名大学生的调查发现，71.3%的大学生在学习和生活中承受着很大或较大的心理压力，70.1%的大学生对压力缺乏正确的认识；对某省三所普通高校的2326名大学生的调查显示，81.6%的大学生正承受着包括学业、择业、人际交往、恋爱和经济问题等方面的较高的压力。

一、大学生常见的压力源

(一) 学习压力

据近几年大学生心理压力调查发现,学习压力是当前大学生面临的最主要的压力。而学习压力中的竞争压力又是头号压力。学业成败将直接关系到切身利益,包括获取荣誉、奖学金、毕业证、学位证,等等。所以,大学生对学习压力的感受最强。首先,大学生的学习压力一部分来自所学专业非己所爱,这使他们长期处于冲突痛苦之中;其次,课程负担过重,学习方法有问题,学习节奏过快,精神长期紧张也会带来压力;最后,参加各种证书考试及考研也会带来各种应试压力。

(二) 就业压力

对于大学生而言,找到一份好工作是满足其成就动机所需要的根本所在。当代大学生在拥有更多择业自主权的同时,也面临着更大的就业竞争。近年来,毕业生人数不断增加,市场需求相对饱和,加之大学生的就业期望值普遍较高,因而,就业也使大学生感到相当大的压力。

(三) 情感压力

大学生所处的特定的年龄段,使他们普遍对亲情关系的认识和处理不是很清晰,同时又对爱情充满憧憬和渴望。情感压力一方面表现为亲情关系上,如家庭关系失和、代沟文化冲突、单亲家庭阴影等;另一方面,则表现为恋爱关系障碍,由单恋、失恋或恋人间的矛盾与争吵,导致情感痛苦,造成心理失衡,甚至导致心理防御机制崩溃。

(四) 人际交往压力

人际交往是大学生活的一个重要组成部分,这种压力一方面取决于大学生的自我定位,即有的学生把自己看成白天鹅,自命不凡,目空一切,骄傲自满,交往中盛气凌人,自以为高人一等;相反,有的学生则把自己看成丑小鸭,总以为事事处处不如人,甚至没有勇气和大家站在一起说话,交往中自卑怯懦,自觉矮人三分。同时,由性格造成的交往压力,比如有的人比较偏执,有的人过于追求完美,有的人暴躁易怒,有的人自私嫉妒等,由此造成交往失败,以致苦恼烦闷。

(五) 经济压力

对于家庭经济困难的大学生而言,经济问题是其心理压力的重要方面。经济问题对大学生产生压力主要表现在以下几方面。一是部分经济困难的学生,在日常生活相差悬殊的对比中产生自卑心理，他们总是担心别人看不起自己，同学间不经意的一个玩笑或行为都会深深刺伤他们的心灵。二是面对现实的无奈感。由于经济困难，他们一方面要时刻计划自己的开支，另一方面要应付繁重的学业，有的学生还要打工赚取学费和生活费。面对经济和学业的双重压力，他们会觉得力不从心，常有无奈和挫败感。三是对家人的愧疚感。部分学生的家庭经济困难，父母积劳成疾，有的家庭甚至是为了一个大学生而全家节衣缩食，致使这些学生背上沉重的心理负担，对待家庭有很深的愧疚感。而有一部分大学生则为不知道如何理财而苦恼。

二、大学生挫折产生的原因

造成大学生挫折的因素，具有鲜明的时代特征，是当代社会状态的综合折射，也是个体与环境交互作用的结果。引起大学生挫折心理产生的因素很多，如考试成绩不理想、失恋、天灾人祸等，挫折情境往往与压力源有关。导致大学生产生挫折感的原因中，除了我们在大学生常见压力源中提及的学习压力、就业压力、情感压力、人际交往压力和经济压力，还有以下几方面的原因。

(一) 理想与现实的差距

有些学生高考前把大学想象得过于美好，来到大学后，发现大学并非自己想象的那样，所学的课程多，老师讲的东西难懂、学习压力大，等等，于是便产生了失落感。部分大学生对自己有较高的期望，怀有高远的抱负，可又缺乏行之有效的行动，于是极易产生挫折感。

(二) 个性因素

个性缺陷是产生挫折的根源之一。某些不良的品质，如自私、主观、固执、多疑、以自我为中心、自负等，虽然它们本身不直接产生挫折，但却是产生挫折和加重挫折感的"温床"。

(三) 生理发育和心理发展不平衡

大学生的生理成熟与心理成熟不同步。在生理上，他们已经是"成人"了，但是在心理上仍带有许多少年时期的痕迹，如幼稚、脆弱等。加之他们的社会阅历浅，面对各种社会矛盾，心理难以调适，挫折感随之而来。

当然，这些因素和压力事件并不一定会成为挫折情境，但当这些事情发生频率达到一定程度，持续的时间过长，就会使人产生挫折感和心理压力。

三、大学生面对压力和挫折的反应

(一) 压力与挫折下个体的心理反应

压力与挫折下个体的心理反应表现不同,有人会积极、乐观,正向自我强化。但相对而言,消极心理反应较容易出现,主要有以下几种。

(1) 焦虑。压力与挫折导致个体精神紧张、烦躁不安,甚至惊恐万分,特别是受到与强暴性、肉体伤害以及严重刺激事件相关的压力与挫折,其惊恐心理往往要通过药物治疗才能维持平衡。

(2) 沮丧。对人生、前途失去信心,心灰意冷,甚至万念俱灰。

(3) 苦闷。压力、挫折导致个体内心痛苦,愁眉苦脸。

(4) 冷漠。无心面对他人,与人交往保持距离,寡言少语。

(5) 暴躁。情绪易失控,会被一些鸡毛蒜皮的事引发压抑的怒火。

(6) 悲伤。或放声痛哭,或欲哭无泪,心情抑郁。

(二) 压力挫折下个体的生理反应

(1) 发肤反应。压力挫折可以引起脱发,甚至秃顶,白发增多,或引发湿疹、皮癣等。

(2) 口腔反应。压力挫折常导致个体口腔生疮,牙龈肿痛。

(3) 神经系统反应。压力挫折会导致神经系统紧张、活动功能失调、头痛、头晕,甚至产生神经衰弱、失眠等症状。

(4) 心血管系统反应。压力挫折可使血压升高,成为心血管系统疾病的导火索。

(5) 免疫系统反应。挫折的负性情绪所产生的压力得不到及时调适,势必会削弱个体免疫系统的活动功能,一些疾病,甚至恶性疾病将趁虚侵害个体。

(6) 消化系统反应。压力与挫折会引起或加重消化系统疾病,如胃炎、胃溃疡、结肠炎等。

(7) 生殖系统反应。压力与挫折调适不当,可能引发女性妇科疾病,如月经不调、停经等,对男性则有可能造成早泄和阳痿等问题。

心理知识之窗7-1   过度压力对个体生理的影响

过度的压力和持续的压力可能引发如下生理疾病。

循环系统:高血压和心脏疾病等。

消化系统:消化性溃疡、神经性厌食、过敏性结肠炎等。

呼吸系统：支气管哮喘、神经性咳嗽等。

生殖系统：女性月经不调和不排卵，男性阳萎，以及男、女性激素分泌下降。

泌尿系统：丧失胰岛素，诱发成人糖尿病。

运动系统：身体疲劳，肌肉紧张，汗流量增加，皮肤功能失调，骨骼疏松，容易骨折，关节炎。

神经系统：睡眠障碍，紧张性头痛。

免疫和抗炎系统：容易患感冒和流感，容易患癌症。

汉斯·薛利揭示了一个普遍性原理：个体在抵抗阶段生理功能大致恢复正常，能适应艰苦的生活环境。即压力反应对个体来说在一定的程度上能增强其适应能力。然而，在抵抗阶段对新的压力抵抗力反而降低。个体若再承受持久的高压，会导致身心耗竭，可能会死亡，这就是精疲力竭阶段。

(三) 压力与挫折下个体的行为反应

当遭遇压力和挫折时，人们都有一种摆脱困境、减轻不安、稳定情绪、重新达到心理平衡的欲望倾向，这种倾向称为心理防御机制。每个人在处理挫折和压力时，都会自觉或不自觉地运用心理防御机制。但因世界观、生活态度及个性特征不同，每个人所使用的防御机制也有差异，其中有些是积极的，有些是消极的。大学生受到压抑、挫折后，往往会采取以下行为反应。

1. 积极的行为反应

积极的行为反应，可使人心理挫折得到一定缓冲的同时，还可能表现出自信、愉快、进取的倾向，有助于积极战胜挫折。积极的行为反应主要有以下几种。

(1) 表同。表同是指一个人在遭遇压力和挫折时，自觉效仿他人的优良品质和获得成功的经验和方法，使自己的思想、信仰、目标和言行更适应环境、社会的要求，从而在主观上增强获得成功的信念与勇气。可以把一些名人、科学家、自强不息的模范人物、歌星、影星，以及身边优秀的同学，作为自己崇拜的对象，从他们的人生经历、奋斗精神，甚至风度、仪表等方面获得信心、力量和勇气，奋发进取，战胜挫折。

(2) 升华。升华是指一个人因种种原因无法达到原定目标，用另一种比较崇高的、有社会价值的目标来代替，借此弥补因挫折而丧失的自尊与自信。升华是最有建设性、积极性的行为反应。在高校中，有些大学生貌不惊人，由于长相、身材的影响，往往在最初的社交中受到制约，于是他们在学问、个人思想、品德修养上下功夫，变得有修养、有内涵，学习成绩出类拔萃，品德优秀，为同学所瞩目。升华使原来的欲望得到间接宣泄，而消失了焦虑感，也使个体获得成功的满足，所以具有积极意义。

(3) 补偿。在社会生活中，由于主客观条件的限制和障碍，使个人的某个目标无法实现，行为主体往往以新的目标代替原有目标，从而以取得的成功体验去弥补原有失败的痛苦。这也是人们常说的"失之东隅，收之桑榆"。例如，有的大学生数学成绩欠佳，于是便着力使外语水平名列前茅；有的大学生恋爱失败了，便用功学习，用好的成绩补偿失恋的痛苦。由于采取了积极的补偿行为，相应减轻了消极情绪的压力，使个体潜力得以开发与发展。

(4) 幽默。当处境困难或尴尬时，人格比较成熟、心理修养较高的人，往往以幽默来化险为夷，在无伤大雅的情况下，转达意图，处理问题，把原本困难的情况转变过来，大事化小，摆脱困境，维护了自己的心理平衡。幽默是值得称道的一种对付压力与挫折的积极行为反应。

2. 消极的行为反应

消极的行为反应在一定时期、一定程度上可以缓解遭受压力与挫折时人的紧张心理，但缺乏积极的社会价值，其长远后果对个体身体发展十分不利，甚至会诱发精神疾病，也可能危害社会和他人。大学生常表现出来的消极行为反应有以下几种。

(1) 攻击。攻击根本的含义是朝向运动方向，蕴含着能量并发泄。人在受挫后，在非理智情况下把"高能量"的愤怒情绪指向造成挫折的对象——人或事物，表现为对他人的讥讽、谩骂、殴打，甚至加以严重伤害，以及损害物品等情况。这是一种破坏性的行为。通过攻击行为，虽可以暂时发泄心中的愤懑与不快，但不能消除原有的挫折感，还会引起新的挫折，同时危害他人与社会。

(2) 倒退。倒退是指个体在面对压力和挫折后表现出与自己年龄不相称的反应行为。为了"避免"心理上的焦虑、不安，往往放弃已习得的、成熟的、成人的正常行为方式，而恢复使用早期幼儿幼稚的方式加以"应付"，从而减轻内心的心理压力。

(3) 轻生。轻生是指个体在面对压力和挫折后表现出的一种极为消极的行为反应。在现实中，由于找不到摆脱压力与挫折的方法与途径，其愤怒情绪使之失去理智，而以自杀方式消除内心的烦恼。个别大学生难以适应激烈的社会竞争局面，处于无助之中，因一时缺乏理智而选择了这种不该选择的方式，结果造成了无法挽回的遗憾。

(4) 固执。一些人遭到挫折后，往往不分析失败的原因，反而盲目重复导致其挫折的无效行为，这就是固执的行为反应。固执行为的最大特点是非理智性，企图通过重复无效动作以对抗挫折压力。

(5) 反向。人受挫后，自己的内在动机不能为社会所容忍，由于不敢正面表露自己的真实动机，便从相反的方向表现出来，以掩饰自己的本意，称为反向。例如，有些自卑感很强的人，往往在同学中以高傲自大、夸夸其谈等自我炫耀方式掩盖内心的自卑和孤独。反向虽然可以在一定程度上掩饰自己的真实动机，但是，掩饰包含着压抑，长期运用会从根本上扭曲自我意识，使动机与行为脱节，造成心理失常。

(6) 逃避。逃避是个体受挫和预感受挫时表现出来的一种消极行为反应。逃避主要有三种表现方式：一是逃到另一"现实"中，如有的人学习受挫后漫不经心、得过且过，以学习之外的活动避开因学习压力给自己带来的焦虑与不安；二是逃向幻想世界，在幻想中寻得平静与安宁，如一味沉于幻想，就会形成一种不能适应生活的坏习惯；三是逃向网络的虚拟世界，有的人受挫后，沉溺于网络的虚拟世界，得到暂时的精神解脱与自我满足，但无助于现实问题的解决，使自己越陷越深。

(7) 压抑。压抑是指在学习、生活中常常把不愉快的经历不知不觉地压抑在潜意识里，刻意地不再想起、不去回忆。由于压抑，痛苦的经历似乎被遗忘了，使人在现实意识中感受不到焦虑与恐惧。但是，这些被压抑的东西并没有消失，它在日常生活中往往不知不觉地影响人们的心理和行为，并且一旦出现相似的场景，被压抑的东西就会冒出来，对个体造成更大的威胁与危害。它不仅影响个体的正常生活，而且会引起心理异常和心理疾病。

(8) 文饰。文饰即文过饰非的行为反应。当个体达不到追求的目标时，为避免或减轻因挫折而产生的焦虑和维护自尊，总要在外部寻找某种理由或托词对自己的行为给予某种"合理"的解释，这种解释可能会自圆其说，但从行为的动机来看，却不是行为的真正理由。文饰行为反应表现有两种形式：一是"酸葡萄"反应行为；二是"甜柠檬"反应行为。文饰方式虽然是人们面临挫折时自觉或不自觉地采取的一种心理防御机制，但它除了暂时缓解内心冲突，保持暂时的心理平衡，对心理发展更多的是起消极作用。

第三节　大学生积极应对压力和挫折的策略与方法

俄国著名作家车尔尼雪夫斯基曾经说过："生活的道路不是涅瓦大街的人行道，它完全是在田野中前进的，有时穿过尘埃，有时穿过泥泞，有时横渡沼泽，有时行经丛林。"大文豪巴尔扎克还说过："世界上的事情永远不是绝对的，结果完全因人而异。苦难对于天才是一块垫脚石，对于能干的人是一笔财富，对于弱者是一个万丈深渊。"一个人生活在现实中，不可能没有压力和挫折，关键在于对压力和挫折怎样认识和采取什么态度。对待压力和挫折的方法不同，其效果也大相径庭。因此，正确认识压力和挫折，掌握应对压力和挫折的方法和技巧、提升抗压力和挫折承受力，是大学生活的一部分，更是值得每个大学生研究的课题。

一、塑造健康积极的心理基础

(一) 培养乐观向上的人格

乐观的决定因素是人格因素。犹太裔心理学家弗兰克，在第二次世界大战期间，曾被关进集中营。他的父母、妻子和兄弟都死于纳粹魔掌之下。他所在的集中营中，每天都有人在自杀中死亡。曾经有一段日子，他完全在悲哀与恐惧中度日。但有一天，他突然醒悟：在完全受制于人的客观环境下，我的自我意识却是超脱于肉体束缚之外而独立的。我可以自行决定外界的刺激对我的影响程度，并可以把握个人的"终极自由"，谁也无法剥夺。这一顿悟，给他的人生带来了极大的改变。从此，他不再做恐惧和悲哀的奴隶，而变得旷达和坚强。尽管他处在最恶劣的环境中，但他的心灵已经超越了环境。出狱后，他创立一种新的心理学流派——意义治疗流派。他的这一学说，让无数人认识到了生命的意义。

人的成长过程，处于外在条件和自身条件的复杂异变中，人不可避免地会遇到逆境。大学生毕竟还是学生，社会阅历还相对肤浅，对人生、对社会的理解仍不够深刻，所以，在生活中也难免会遇到逆境和挫折，产生或大或小的心理压力。对此，有的学生苦恼、沉沦，继而戴着有色眼镜看世界；有的学生甚至变得一蹶不振，丧失自身当初坚韧的意志。面对这些问题，拥有乐观向上人格的学生，能用积极乐观的心态对待自己所面临的处境，即从眼前不利的事态中看到未来光明的远景，从失败中看到成功，从黑暗中看到光明。所谓"塞翁失马，焉知非福"，正是基于这种积极的心态。

心理知识之窗7-2 什么是坚韧人格

美国心理学家科巴萨(Kobasa)曾提出了"坚韧人格"的概念。坚韧人格包括承诺、挑战和控制三个层面，其中承诺指个人面对压力不逃避困难及责任；挑战指个人面对压力勇于挑战自我；控制指个人面对压力时能控制情绪。坚韧人格可以使压力变得不那么可怕，推动个人积极面对压力的挑战，提高人的应对能力，增强人的自尊、自信。而这种人格的修炼和培养，是以最基本的乐观人格为基础的。

(二) 保持轻松愉悦的情绪

大学生在遭遇挫折、心理冲突和压力的时候，常会表现出紧张、焦虑、苦闷、忧愁，甚至暴跳如雷等负性情绪。喜怒哀乐乃人之常情，然而，对负性情绪如不进行适时、适度、理性的调节，必然会影响到个人的身心健康。大学生要学会用正确的方法排解负性情绪，适时、适度地控制和调适不良心理反应，学会对负性情绪进行合理宣泄，使情绪在适当中达到平衡。例如，哭泣有利于宣泄悲伤情绪。有专家认为，强忍住泪水就等于慢性自杀。但是，似林黛玉那般"枕上袖边难拂拭"的无休止的哭泣，越哭越悲伤，也必然会伤心伤身。大学生有挫折烦恼时，找师长、知心朋友或心理咨询师倾吐积郁、发牢骚、诉委屈等，也都有利于平静紧张、焦虑的心情，产生仿同、鼓励等积极的应对调节反应；反之，压抑情绪则可能在一定刺激下导致如火山般喷发的攻击性应对。压抑、攻击、逃避、退化等消极应对的心理防御机制，一般都是在负性情绪影响下产生的。因此，大学生要学会走出情绪低谷的应对与调节方式，营造积极健康、轻松愉悦的情绪，是身心健康、学习成长的重要保障。

(三) 建立客观的自我认知

自我认知是大学生在以往的学习生活中，头脑形成的对自己的认识。面对挫折和压力，很多大学生对自我的认知会发生改变，会意识到以往没有注意到的不足之处，会对自己为什么遭遇挫折、陷入压力不能自拔而苦恼。其实，每个人都不是完美的，我们应该正确认识自己，客观地进行自我剖析，了解自己的长处和短处，特别是要接受现在的自己，接受自己的优点、缺点，树立积极的自我形象，继而以积极的心态面对挫折和压力。

树立积极自我形象的同时，大学生应了解到，自信心是战胜挫折和压力的重要因素。如果你对自己没有信心，自卑、紧张、焦虑、绝望等情绪就会充满你的大脑，耗费你的心理能量，压抑你的智慧和潜能，使你无法战胜挫折。但是，当你对自己充满信心时，你就能充分调动自己的潜能和资源，战胜挫折。罗曼·罗兰说过："最可怕的敌人就是自己没有坚定的信念和顽强的毅力。"

心理知识之窗7-3　霍金的智慧

霍金是一个伟大的理论物理学家，但他却患有卢伽雷氏症，完全失去了行动自由和生活自理能力。有一次，当霍金做完学术报告，一位女记者跃上讲坛，问了一个突兀而尖锐的问题："霍金先生，卢伽雷氏症已经将你永远固定在轮椅上，你不认为命运让你失去太多了吗？"整个报告厅顿时鸦雀无声，霍金用还能活动的手指，艰难地敲击键盘，投影屏上缓慢而醒目地显示："我的手指还能活动，我的大脑还能思维，我有终身追求的理想，还有我爱和爱我的亲人和朋友，对了，我还有一颗感恩的心。"顿时，报告厅内掌声雷动。

二、正确认识压力与挫折

(一) 调整认知，转换视角

寓言《驴子的故事》中写道："有一天，农夫的一头驴子不小心掉进一口枯井里，农夫想尽办法要救出驴子，但始终救不出来。最后，农夫决定放弃。于是，农夫便请人将这口井填上，并一起将井中的驴子埋掉。人们开始往井里铲泥土……驴子想到自己的处境，刚开始叫得很凄惨。但出乎意料的是，一会儿驴子就安静下来了。它将泥土抖落在一旁，然后站在泥土堆上面。就这样，它将大家铲在它身上的泥土全部抖落到井底，然后站上去。很快地，它便得意地上升到井口，快步跑开了。"同样道理，我们在生活中所遭遇的种种挫折和压力，就如加在我们身上的"泥沙"，但换个角度看，它们也是一块块垫脚石。只要我们锲而不舍地将它们抖落，然后站上去，那么即使掉落在最深的井里，我们也能安然脱困。

(二) 合理归因，正确面对

归因是指个体按照主观感受或经验对自己或他人行为及其结果产生的原因予以解释与推理的心理活动过程。面对压力与挫折要镇定自若，理智地分析压力与挫折产生的原因，这有助于大学生正确认识压力与挫折。

美国心理学家韦纳对人们失败的归因进行了研究。他认为，一般情况下，失败由客观因素(包括任务难度和机遇)和主观因素(人的能力与努力)造成的。人把失败归因于何种因素，对以后的活动、积极性都有很大的影响：把失败归因于主观因素，会使人感到内疚和无助；把失败归因于客观原因，会产生气愤与敌意。正确分析自己的成败归因模式，要特别注意避免韦纳上述所说的两种错误归因模式。当你遇到失败时，应冷静、客观地分析失败的原因，找出造成挫折的真实原因。如果因为主观不够努力而失败的，应当发愤图强、积极进取；如果因为方法不当或认知偏差引起的，应及时总结经验、吸取教训，这样才能有效地战胜挫折，缓解压力。

三、积极应对压力与挫折

(一) 确定恰当期望，淡化动机冲突

一个人的压力感和挫折感与目标的成功标准有密切的关系，强烈的动机冲突是导致心理压力与心理挫折的重要原因。过高而不切实际的期望值很容易使人感到压力过大，产生挫折感，从而丧失信心和前进的勇气；过低的目标则缺乏进取的动力，容易使人无所事事，无所作为。

(二) 采取积极心理防御机制，做好自我调适

采取积极的心理防御机制，避免错误的、有害的不良行为，想方设法地激发全身心的力量和潜能去应对困难是十分重要的。

1. 应避免消极态度与行为

(1) 避免生气、愤怒。一个人一旦受挫，应当尽可能冷静，以高等教育素养的理智心态加以正确对待，从而找出解决问题的方法，并最终克服困难。

(2) 避免自暴自弃。大学生要牢记培根的人生哲学："灰心生失望，失望生动摇，动摇生失败"，要以青年的朝气和勇气，在社会、学校、同学的帮助下，以积极的方式，克服困难，战胜挫折。

(3) 避免借酒消愁。其实，酒精并不能真正消愁，它只是对人的大脑产生一时的麻醉作用，其结果只能是"举杯消愁愁更愁"。而且，大量饮酒会造成神经系统和肝脏的全面损害，影响身体健康，还可能引发诸如打架斗殴等一系列社会问题。

(4) 避免无限拖延。有时人们总把自己害怕的事情拖延到最后再做，甚至一拖再拖，以为这样就会鼓起勇气。事实上，排除面对压力与挫折的恐惧，唯一的方法就是马上去做。如果你每天都做一点，最后你会把自己想做的事情做完；如果你什么都不做，永远都不会有所改变。

2. 积极进行心理调适的方法

(1) 合理宣泄法。大学生不要把痛苦闷在心里，应主动向老师、同学和亲友倾诉，争取别人的谅解、同情与帮助，从而消除紧张心理，恢复心理平衡。处于悲痛之中的人，不妨在适当的场合痛痛快快地大哭一场，痛哭可以使悲伤情绪畅快淋漓地宣泄出来，同时流出的眼泪，可以把情绪紧张或悲伤时体内产生的某些化学物质带出体外，这对于个体的成长是有利的。笑，也是一种很好的宣泄方式。美国心脏病专家威廉·费莱博士认为，一分钟的笑相当于进行十分钟的慢跑。一次放声大笑不仅可以锻炼肩部肌肉、手臂、臀部和腿，而且还有镇痛作用。

(2) 积极的心理暗示。当一个人遭遇挫折，受到打击，感到压力时，可以这样提醒自己："我希望我能成功，对此我要尽力而为，顺其自然，为所当为"。运用积极的心理暗示，可以振作精神，付诸行动。

(3) 转移注意法。遭受挫折、面临压力时，一般人都会感到度日如年，这时可通过参加各种体育活动消除悲观、失望的情绪，激发积极进取的朝气。激烈的体育运动是受挫后"攻击"行为方式的"合理化"，也是"攻击"行为的一种替代方式。在体育运动中，人们可以增大呼吸量，加速新陈代谢过程，调节大脑神经活动；另外，乐于直接接触自然环境和社会环境，加强人际交往，有利于受挫者恢复心理平衡和信心，如登山旅游等，走出户外去呼吸大自然中的新鲜空气。丰富多彩的闲暇活动可使挫折感转移方向，拓宽思路，使人的内心产生一种向上的激情，从而增强自信心。

(4) 自我放松法。大学生在面对压力和挫折时，最常见的表现是心理和肌肉的紧张。

因此，缓解压力的一个重要策略就是要学会自我放松，让自己的身体和心理由紧张状态转向松弛状态，从而逐渐消除紧张。常用的放松方法有游泳、散步、瑜伽、听音乐等。在压力和挫折事件不断涌现时，持续数分钟的放松，对缓解不良情绪的作用相当显著。另外，我们还可以学习一些自己放松的应对压力技术，如深度呼吸训练、肌肉放松训练、静坐训练、意向训练、系统脱敏训练等。

心理知识之窗7-4　　压力接种法

在压力应对训练中，心理学家梅辛鲍姆广泛应用一种叫作压力接种法的技术，即通过个人内心的积极应对陈述来战胜恐惧和焦虑。在训练中，首先要学会辨别和发现那些自贬自责、使个人焦虑加重的消极陈述，然后需要学习用那些事先写在一张单子上的应对陈述来替代消极陈述，以肯定自己和消除疑虑。例如，在你演讲前感到紧张时，会对自己说"我心跳得厉害，我害怕了""听众一定会觉得我自己讲得没意思"之类的话，这时，你需要马上使用下面的应对陈述来代替上面的消极陈述。你要这样想，"我心跳加快，说明我已经从生理上做了最好的准备""我将告诉听众的东西，都是我想要告诉他们的事情"，等等。

在实际压力情景中常用的一些陈述，包括"现在放松一点，这种小事不可能真正地伤害到我""不要慌，一步一步来""没有人是完美的，我尽力就是了""事情很快就会过去，保持镇静""明天我就会把事情解决了""我做这种事情不是第一次了"。

要掌握这门技术，需要在真正的压力情境中进行实际应用，个人可以总结一套适合自己的应对陈述。

(三) 主动寻求帮助，寻找社会支持

寻求帮助不是依赖他人，而是学会利用各种社会资源来化解困境。这些资源包括人际关系资源(如亲朋好友)、公共设施资源(如图书数据、网上服务)、专业辅导(如心理咨询、医疗)等。学会主动求助就是学会生存，它培养的不仅是对应激的积极承受，也是对应激的有效化解。培养主动求助为的是学会自助，适当寻求帮助是强者的行为。

心理知识之窗7-5　　社会支持系统

社会支持系统也称为"社会关系网"，是20世纪70年代提出来的心理学专业词汇，即个人在自己的社会关系网络中所能获得的、来自他人的物质和精神上的帮助和支援。社会支持系统从性质上可以分为以下两类。

一类为客观的、可见的或实际的支持：包括物质上的直接援助和社会网络、团体关系

的存在和参与。

另一类为主观的、体验到的情感上的支持：指个体在社会中受尊重、被支持、被理解的情感体验和满意程度，与个体的主观感受密切相关。

心理咨询也是寻求社会支持的有效方式之一。心理学认为，当人烦恼、忧郁、苦闷时，尤其需要他人的理解和疏导。而专门的心理咨询人员多是某领域的专家或经验丰富的咨询师，在心理疏导上针对性强，效果明显，加上其保密性强，可以说是相对安全、有效的途径。在自我心理调节不能解决问题时，一定要主动寻求心理咨询专业人员的帮助。

四、用坚强意志，战胜压力与挫折

意志是指一个人自觉地确定活动目的，并根据目的调节和支配行动，克服困难，力求实现目的的心理过程。意志的基本过程应当划分为决心、信心、恒心三个阶段。即要完成一个意志活动，首先要下定决心，其次要树立信心，最后要有恒心。

良好的意志品质表现在意志活动中，具有自觉性、坚韧性、果断性和自制力。当今的大学生具有良好的意志品质，善于独立思考，勇于承担风险，敢于面对困难，尤其是家庭经济困难的大学生，不少人在学习上、生活中都表现出积极的心态，用坚强的意志战胜了各种困难和挫折。但是，也有一些学生在遭遇经济困难、家庭变故等事情时，被沉重的压力、内心的冲动包围着，难以走出困境。其实，这些艰难的经历正是锤炼一个人意志的机会，酸、甜、苦、辣都能成为极有价值的人生财富，关键是你怎么去对待。

遇到上述情况时，你不妨静下心来，问一问自己：是什么事情让我觉得难以面对和处理的，我将怎样以积极的心态走出困境？

1. 拂去家庭贫困带来的心理阴霾

高校家庭经济困难学生是目前中国特有的现象，这与中国现有的依靠家庭(主要是父母)资助上学的就学体系有很大关系。许多发达国家的大学生上学的费用是靠自己打工挣来的，与家庭的经济状况和父母的收入关系不大。当今社会，大学生自己筹措上学费用将是社会发展的趋势，靠勤工助学完成学业的学生，已经走在了时代发展的前列。从这个意义上来讲，贫苦则是一种财富。

在家庭经济困难的学生中，也形成了两极分化。有的同学积极乐观向上，边打工边学习，成绩优异，年年获得奖学金，走出了一条自强自立的希望之路；有的同学则自卑自弃，不敢参加各种活动；有的同学则觉得贫穷使其自惭形秽，久而久之产生了心理上的压抑与自卑，变得离群索居，郁郁寡欢；也有个别同学消沉麻木，迷失自我，寄希望于网络或游戏那种虚幻的事情。

面对环境的巨大反差和各种强大的压力，家庭经济困难的学生要学会以积极的心理进行应对，以保护自身的心理健康，并能全面成长。那么，如何拂去贫困家境带来的心理阴霾，愉快地生活，快乐地学习呢？下面的建议希望能对大家有所帮助。

(1) 正确看待贫困。要澄清对"贫困"的错误认识，消除对"贫困"的恐惧心理。其实，家庭贫困不是你的错，它并不能决定你的人品、学业、学习能力等方面的发展趋势；家庭贫困不等于没有尊严和权利，也不要过于敏感"贫困"的外表，要正视贫困给自己带来的种种困难和压力，认清自己所处的经济困境；更要冷静地看待贫困、理智地对待贫困，将贫困视为一种挑战，积极主动地去应对，摆脱自卑，走出孤独，才能乐观、自信地在自尊自强中成长。

(2) 合理转移。人们常说，穷人的孩子早当家。大部分家庭经济困难的学生都能自强不息，奋斗不止，很多学生通过勤工俭学的形式顺利完成了学业，圆了父辈们的梦想。只要你与其他同学一样，多参加读书活动，积极从事体育与文娱活动，融入集体，努力学习，乐观向上，心理的不良情绪就会自然消失。

(3) 适度宣泄。由"贫困"造成的种种困难，长期淤积于心中，容易导致心理障碍或疾病。大学生不妨多参加团体培训，学习与其他人沟通和交流，适当表达自己的情绪和感受，走出自己狭隘的世界，打破闭锁、胆怯的心态，放开自己，勇敢地闯出一片新天地。

(4) 磨炼意志。成就卓著的大人物都具有锲而不舍、百折不挠的顽强精神和不达目的、决不罢休的坚韧性和自制力。一个人的坚强意志是在千百件小事的锻炼中逐步培养出来的。从小事做起，不要以为小而不为。高尔基说过，哪怕是对自己的一点小小的克制，也会使人变得刚强有力！

(5) 阅读人物传记。许多成功人士的背后，都有着一些常人没有经历过的挫折和困苦。读一些名人传记，能帮助你从他人的人生经历中吸取营养和力量。你也会突然认识到，家境贫寒真是人生的一种财富。

2. 走出单亲家庭留下的心理阴影

对于单亲、无亲家庭的学生来说，能够顺利考入大学，已经证明在一定程度上克服了家庭解体给自己带来的巨大心理冲突，而且其中有很多学生是非常优秀的。

相对于来自正常家庭的学生来说，单亲或失去双亲的学生可能更坚强、更独立，也可能更脆弱、更自卑。如何走出家庭留下的心理阴影，使自己成熟而坚强地生活？

(1) 改变认知偏差。有的人认为生活中一些不顺利、不愉快的挫折不应发生在自己身上；有的人以一方面的挫折来否定整个自我；还有的人把一次挫折后果想象得非常可怕，给自己带来无谓的巨大压力。其实，人生的幸福在很大程度上并不取决于你经历过什么，而取决于你怎样用行动和对生命的至诚去塑造自己的未来。生活中意想不到的变化对人产生什么样的影响，并不取决于这些变化本身，而取决于自己对这些变化的态度和应对策略。所以，我们要在自尊自强的同时学会宽容，对生活永远心存感激。

(2) 主动与人沟通。大学生可以和老师、寝室同学交流，让老师、同学了解到自己的家庭情况，通过良好的沟通，可以让自己的不良情绪有一个安全的出口，及时解开心中的疙瘩，避免过激行为；让老师、同学们了解到自己生活中的困难，适时得到帮助，从而保证自己大学学习生活的顺利进行。

(3) 积极参加活动。获得爱和自我价值感是人的基本心理需要。培养集体荣誉感是学生获得爱、实现自我价值的必然要求。有的单亲、无亲家庭学生由于自感不如别人那样幸运、不能拥有美满的家庭而孤单自卑，建议这些学生积极参加集体活动，热情地投入丰富多彩的大学生活中去，抓住履行责任的机会，在集体中获得肯定，找到温暖和知音，并在集体生活中学会与他人友好地相处和合作，从而消除负面情绪，走出个人小圈子；同时，充分利用展示自己才华的机会，实现自我价值，从而逐渐消除自卑意识和性格上的弱点。

3. 摆脱心灵危机的痛苦困扰

当一个人在抑郁的心理冲突中，处于心灵危机的痛苦困扰时，需要用坚强的意志战胜挫折。危机是个人成长过程中难以避免的，如果处理得当，这个危机将变成成长的契机。一个人只要摆脱了心灵危机，就能成为生活中的强者。强者之所以为强者，就在于他(她)能用坚强的意志抵御各种压力、战胜各种挫折。鲁迅彷徨过，哥白尼忧郁过，伽利略屈辱过，歌德、贝多芬也曾想自杀过，但他们最终都以顽强的意志战胜了自己。

相信上述方法能对你有所启迪，有所助益。

心理自助训练7-1 每天对自己说以下的话

1. 从今天开始做个快乐、幸福的人，大胆去爱、去关怀，让生活中的每一个细节充满快乐与温暖，幸福源自内心，而非外界。
2. 每天都以良好的心态去适应外在的一切，停止不满和抱怨。
3. 健康的身体是实现生命的意义、享有幸福人生的基础，每天坚持锻炼身体。
4. 每天拿出一段时间来充实理想，阅读一些可以丰富心灵的书籍。
5. 培养博爱的心，坚持每天为别人做一件好事。
6. 把精力集中在度过今天的每一分钟，解决好今天的问题，就为明天做好了准备。
7. 生活中不是缺少美，而是缺少发现美的眼睛。用欣赏的眼光去看待一切，体验生活中的真、善、美。

思考题

1. 什么是压力？大学生如何应对压力？
2. 大学生常见的挫折有哪些，应如何看待这些挫折？

第八章 珍爱你的生命
——大学生心理危机的自我调适

· 本章提要 ·

本章主要是让学生正确认识生命、尊重生命、珍爱生命，帮助大学生识别心理危机的信号，掌握初步的干预方法，预防心理危机，维护生命安全。

亲爱的同学们，如果你遇到困难和心理危机事件，你会怎样做呢？在生命历程中，我们会经历很多的挫折和考验，你可能会思考，我究竟为了什么活着？生命的意义是什么？我的生命价值在哪里？我怎样实现自己的价值……对生命的思考和追问伴随我们每个人的一生，让我们带着这些疑问一起走进开心课堂！

第一节 生命和生命教育

生命是一切智慧、力量和美好情感的唯一载体，失去它则一切都不存在。它是任何东西都不可能替代的，人的生命价值就在于它是人类创造和实施一切价值的先决条件。人生有始有终，我们每个人虽然无法决定自己生命的长度，但可以掌握自己生命的宽度，即实现生命的意义，活出精彩，体现价值。

一、生命的含义

(一) 什么是生命

何为生命？古今中外，各学科、学派都给出了各自的界定。古代哲学认为，"生命"的本意是指草木从地下长出，引申为事物的产生、发生，再引申为生命的孕育、发展、生生不息。"离离原上草，一岁一枯荣。"生命有无限潜能，值得珍惜、探索、发展，生命要不断地自我开创、更新，最终达到"生生"的目的，让所有的生命不断相生，永续生存。

现代生物学认为，生命即"蛋白质和核酸的复合体系存在方式。一种特殊的、高级的、复杂的物质运动形式……根据现代生物科学的研究成果，生命起源首先由无机物生成有机小分子，再由有机小分子形成生物大分子，生物大分子组成多分子体系，最后发展为原始生命。生命主要由核酸、蛋白质大分子组成的、以细胞为最基本单位的复合体系的存在方式。"而生命哲学则认为，"生命是世界的、绝对的、无限的本源，它跟物质和意识不同，是积极地、多样地、永恒地运动着的。生命不能借助于感觉或逻辑思维来认识，只能靠直觉或体验来把握。"由此可见，无论是从哲学角度还是生物学角度来看，生命的定义都认同一点："自我更新与发展"是生命的本质含义。

(二) 生命的存在形式

人的生命与植物、动物不同，具有生物性、精神性和社会性三种存在形式。

(1) 生物性的存在。人首先是生物性的存在，生物性是人生命的最基本特性，是人的生命的社会性和精神性存在的基础和前提。人的生物性生命作为一个自然生理性的肉体生命而存在，人的生长和发展就必然要服从生物界的法则和规律，所以，衣食住行、生老病死是每个人都必须经历的，也是每个人无法逃避的。

(2) 精神性的存在。人之所以为人，就在于人不仅仅是为了满足自己的自然生命而存在，而是为了追求超越生物性存在的精神存在。人要规划自己的人生，创造生命自己的价值，指导和提升生物性的存在。正是有了生命的精神性存在，人的生命才有了人文意义和价值，理性的意蕴和道德的升华。

(3) 社会性的存在。每个人要想生存下去，就必须参与和融入社会活动中，在与他人的沟通、交往和互动中展现生命的状态，追求生命的意义，实现生命的价值。正是这种社会性的存在，使人在面对千差万别、千变万化的社会生活时，能够有一种生命的智慧和坚定的信念，使人在面对有生有死、有爱有恨、有聚有散、有得有失的有限人生和无奈生命时，能够有一个豁达的胸怀和安然的态度。

(三) 生命的特性特征

生命的特征表现为以下四方面。

(1) 生命的不可逆性。从胚胎起，生命便一直在生长、发育，直到衰亡。它绝不会"颠倒重来"，返老还童。

(2) 生命的不可再生性。任何生命都是唯一的，不可替代。而且，正是因为生命具有独特的个性，它赋予了人的存在价值是唯一的，使任何人的存在都具有合法性，在世界上具有不可替代的地位和作用。生命对任何一个人来说都只有一次,人们常说"人死不能复生",便道出了这个道理。

(3) 生命的不可换性。生命为个体所私有,相互不能交换,彼此不可替代。

(4) 生命的有限性。生命的有限性表现在三方面:首先,生命存在时间的有限,人的自然寿命一般为七八十岁,最多百十来岁;其次,生命的无常性,表现为生老、病死、旦夕祸福等不可预测性,任何人都逃脱不了死亡,任何人都必然走向死亡;最后,个体生命不能离群索居,不食人间烟火,每个人都需要别人的帮助、支持和关怀。正是生命的有限性,才促使人去努力思考,发奋创造,积极生活,去实现自己生命的意义。

(四) 生命的意义

生命的意义是指关于生命的积极思考,是个人努力要实现自己给予高度评价的生命目标。具体地说,它包括个人存在的意义以及寻求和确定有价值的目标,并努力去实现这些目标。因此,生命的意义在于:首先,人生最珍贵的宝藏是自己,人生最大的事业是经营自己;其次,人生最大的价值是生命的意义,就是不断地追求自我发展与成长;最后,努力成为最好的自己,努力实现自我。

二、生命教育的含义

(一) 什么是生命教育

生命教育是指个体从出生到死亡的整个过程中,通过有目的、有计划、有组织地进行生存意义的熏陶、生存能力的培养、生命价值的提升,最终使生命质量充分展现的活动过程。

生命教育有助于帮助学生探索与认识生命的意义,尊重与珍爱生命的价值,热爱与发展个人特征的生命,实践并活出天、地、人、我共存的和谐关系。

生命教育的宗旨是教育人珍惜生命,注重生命质量,体验生命价值。我们应该认识自己的生命,认识到生命的价值。生命教育就是要帮助人们认识并珍爱生命,同时尊重他人生命,并在此基础上探寻生命的意义,找到自己存在的价值,正确定位,提升生命的质量,培养人文精神。

(二) 生命教育的内容

生命教育是根据学生成长的需要形成的各个学习阶段的有机衔接、循序渐进和全面系统的教育内容体系。一般在小学和初中阶段,着重帮助和引导学生初步了解一些生理知识,学会尊重生命、认识和发现生命意义,初步树立正确的生命意义,掌握对待危机的基本技能。在高中阶段着重帮助学生掌握正确的婚姻、家庭的责任意识，培养一种生命情感，学会感恩，学会用法律武器和其他合适的方法保护自己的合法权益。大学阶段是世界观、人生观和价值观形成的关键时期。在这一阶段，生命教育尤为重要。大学生的生命教育旨在帮助大学生认识与体验生命的可贵，培养和尊重生命意识，培养健全的人格，激发奋斗的潜能，让生命一直生活在希望中。其中主要内容有以下几方面。

1. 生命认知教育

生命认知教育有三层含义：第一层是生理的认知层面，认识和了解身体与生死；第二层是心理层面的精神性生命，明确生命的存在意义；第三层是伦理层面，这个层面主要是关于生命的社会性，具有人文关怀和社会关怀，不断地自我思考、自我反思，欣赏和热爱自己和他人的生命。

2. 生命价值观教育

人的生命是自然生命和精神生命的和谐统一，人的生命价值是生命主体的自我价值和社会价值的统一。生命价值观就是人们关于什么是生命价值、怎样评判生命的价值，如何创造生命价值等问题的根本看法和根本观点，也是一种生活态度和生活理念。生命价值观教育是教育学生懂得在生活实践中如何正确对待个体生命及个体生命的价值，如何正确处理自己与他人、个体与客体关系的一种活动。生命价值观教育主要有以下几方面。

(1) 生命意义教育。人不可能像动物那样饱食终日便无忧无虑，人只要活着，就要去探索活着的意义，追求美好生活。我们要走进关注人的生命、提升生命意义的人文关怀时代，引导学生在现实生活中积极开展赋予生命的意义，在省察自我中发现生命的意义，在良好的文化熏陶中体验生命的意义，在挑战苦难中实现生命的意义，在创造劳动实践中开创生命的意义。

(2) 人生理想教育。理想是人们在实践中形成的具有现实可能性的、对未来的向往和追求，是人们的世界观、人生观、价值观在奋斗目标上的集中体现。当代大学生承认理想对人生的重要意义，赋予理想，渴望把理想变为现实。但是，一旦现实与他的理想有较大差距时，就容易对自己的理想目标感到极度惘然，无法确定和坚信自己的理想，甚至不知道自己是否确定了理想。由于理想的飘忽不定，其人生也就会变得困惑和迷惘。而人生理想教育就是让学生明白，理想应该是和谐多样的，理想是建立在现实可能性的基础上，既与社会需求相统一，也与个人爱好、兴趣和追求相一致；既包括人生规划，也包括精神充实。只有做到理想自我和谐，并为实现理想投入各种有价值的活动中去，才能不感到生命的迷惘和生活的空虚。

(3) 生命信仰教育。生命信仰，又称之为人生信仰，是指个体对自己生存的意义和价值、生活的前途和命运以及人生状态和归宿等命题的最高信念及坚持，是价值观在人生问题上的集中体现，是人们对于生活的目的、意义和价值的本质把握与升华。信仰之于人生的意义，不在于它的具体而现实的功利，而在于它是人从主观上为自己设定的一个终极目标，来作为自己内心的动力和精神的支柱。它给予人生的不是精神上的满足，不是感官上的刺激，也不是精神上的愉悦，而是一种心灵的震撼，情感的洗礼，灵魂的依托，精神的再生。

我们要引导大学生确立科学、崇高的人生信仰，关键还要引导学生投入现实的生活中，在丰富的人生体验、科学的理论学习和积极的政治追求中获得对生命的认识、对社会的情感和对理想的信念，并把这种信仰、追求转化为生命活动的动力。

3. 生命幸福感教育

大学生生活在现实生活中，有着各种各样的追求目标，而各种具体的追求目标实现的终点就是幸福。因此，对于大学生来说，只有感受到生存的幸福，才能感受到生命的意义，实现生命的价值。生命幸福感教育就是引导大学生从自身实际出发，从现实生活出发，去发现生活中围绕在身边看似平常却温暖的点滴。

(1) 感恩教育。人类之所以与其他低等动物有区别，就是因为人类具有情感和理智，有恩有爱。滴水之恩，当涌泉相报，是人类广为传诵的美德。感恩是人之常情、事之常理，懂得感恩也是做人的最基本条件之一。

(2) 责任教育。责任教育就是使人践行某种职责，而且对其有组织、有计划地施加影响的过程。责任教育是实现幸福感教育的途径。在沉重的学业和就业压力下，大学生过度关注自己，缺乏社会认同感和责任感，这种以自我为中心的意识使他们轻易地把过失归咎于外界与客观因素，一旦出现挫折，尤其是遇到没有人能负责的时候，就会哀叹自己的不幸，逃避作为当事人的自己所应承担的责任。由此可见，加强大学生责任意识教育，引导他们明确自己的责任和义务，做一个敢于承担的人是多么的重要。这样能使思维尚不健全的大学生，在任何时候都保留平和的心态，不迁怒于他人，在面对困境时，不轻易对自己所享有的幸福产生怀疑，而是积极寻求问题的解决方法。明确生活的目标，使生命在承担责任中逐步变得更充实和更精彩。

(3) 自律意识的培养。自律意识的培养是幸福感教育的终极目标。自律指的是自我控制和自我调整的能力，包括自我控制不安的情绪，在压力面前保持清醒的头脑。目前大学生普遍缺乏自律意识，除去外界诱惑太多等客观原因，最主要的原因在于大学生的自由意识泛滥。大部分大学生从小到大都是在父母与学校的完美保护与束缚中成长的，一旦脱离父母，自己一个人独立生活，就开始肆无忌惮地放任自流，自律意识便随之渐行渐远。这时候，大学里的幸福感教育就尤为重要。首先，要让大学生感受到自身的幸福；其次，让大学生感受到自由意识的无限制放任会产生不良的后果；最后，让大学生们体会生命的意义，而这个意义的感受是需要大学生置身于社会生活中，去体会社会的关爱，体会自身的价值和人生的幸福。

心理自助训练8-1　心理学家提出的达到幸福的步骤

1. 享受生活的点滴，增强积极情绪：消极情绪使人沮丧，而积极的情绪催人奋进。幸福的人每做一件事都在努力消除消极情绪，看什么东西都能看到其快乐的一面，而不是悲观的一面。

2. 优待身边的人：人们要学会很好地对待亲近的朋友、配偶。能够一下数出5个亲密朋友的人，比不能数出任何朋友的人更感幸福。

3. 关照心灵：对信仰和幸福关系的研究表明，有信仰的人比没有信仰的人更有幸福感。要有切合实际的目标和期望，这是幸福的内在驱动力。一个人如果没有目标和追求，幸福的河水就会在懒散中干涸。目标和期望也是一个人活着的动力。

第二节　大学生心理危机

一、心理危机的含义

关于危机的含义，不同的学科有不同的理解。美国学者杰弗里斯·麦克沃特(McWhirter.J.J.)等人将危机定义为："危机是指一种情境，儿童或青少年若在这种情境中，就可能会在未来面临某种消极事件的危险后果。"

另有美国学者吉利兰(B.Gilliland)和詹姆士(R.James)介绍了危机的如下六种定义。

(1) 危机是当人们面对重要生活目标的阻碍时产生的一种状态。这里的阻碍，是指一定时间内、使用常规的解决方法不能解决的问题。

(2) 危机是生活目标的阻碍所导致的，人们相信常规的选择和行为无法克服这种阻碍。

(3) 危机之所以是危机，是因为个体知道自己无法对某种境遇做出反应。

(4) 危机是一些个人的困难和境遇，这些困难和境遇使得人们无能为力，不能有意识地主宰自己的生活。

(5) 危机是一种解体状态，在这种状态中，人们遭受重要生活目标的挫折，或其生活周期中应付刺激的方法受到严重的破坏。

(6) 危机的发展有不同的时期，具体来说有四个时期：① 出现了一个关键的境遇，并分析一个人的正常应付机制是否能够满足这一境遇的需要；② 随着紧张和混乱程度的增加，逐渐超越了个人的应付能力；③ 需要解决问题的额外资源(如咨询)；④ 可能需要转诊才能解决主要的人格解体问题。

综合上述定义，我们认为，危机是一种认识，即当事人认为某一事件或境遇是个人的资源和应对机制所无法解决的困难。这种困难除非及时缓解，否则就会导致情感、认知和行为方面的功能失调，所以，它也是一种精神和行为的失衡状态。

二、心理危机的特点

(一) 危险与机遇并存

一方面，危机是危险的；另一方面，危机也是一种机会，因为它带来的痛苦也迫使当事人寻求改变。如果当事人能够利用这一机会，则危机干预能够帮助个体成长和自我实现。

(二) 复杂的症状

危机是复杂的，它不遵守一般的因果规律。危机的症状就像一张网，个人环境的所有方面都相互交叉在一起，一旦危机出现，就会有很多复杂的问题需要危机干预工作者进行直接的干预。而且，个体的环境决定着处理危机的难度。

(三) 成长和变化的机缘

在伴随危机的心理不平衡中，焦虑情绪总是存在的，这种情绪导致的不舒服为变化提供了动力，个体只是在焦虑达到极限以后，才会承认他们对问题已经失去了控制。比如，物质滥用者只有在实在没有办法的情况下，才会承认必须接受帮助和治疗这一事实。

(四) 没有万能的解决方法

帮助处于危机中的人的方法是多种多样的，有些可以称为"短期治疗"。对那些长期存在的问题，基本上不存在什么万能的解决方法。遭受严重应激影响的许多求助者的问题，来自他们刚开始时总是企图找到迅速解决问题的方法，这种方法通常是使用药物。尽管这样的方法可以延缓极端反应的出现，但对造成危机的原因毫无影响，因此最终会导致危机的加深。

(五) 普遍性与特殊性

不管是普遍的危机，还是特殊的危机，每一个危机都伴随着不平衡和解体。说危机是普遍的，是因为在特定的情况下，没有人能够幸免；说危机是特殊的，是因为即使面对同样的情况，有些人能够成功地战胜危机，而另一些人则不能。

(六) 选择的必要性

不管我们是否愿意面对，生活总是一个危机和挑战交织在一起的过程。在危机领域中，不选择本身就是一种选择，而且这种选择最后总会变成消极的、毁灭性的。相反，做一些努力至少包含了成长和发展的种子，使人有机会设定目标、形成计划去解决问题。

三、大学生心理危机的表现

大学生心理危机表现在以下四方面。

(一) 情绪方面

大学生心理危机在情绪方面的表现为高度的焦虑、紧张、丧失感和恐惧感，且可伴随恐惧、愤怒、罪恶、烦恼、羞惭等，更多表现为焦躁不安，情绪时而低落、时而亢奋，反复无常。不良的情绪体验是心理发生问题的主要因素，异常情绪所造成的负面影响容易产生心理危机。异常情绪包括抑郁、焦虑、冷漠、狂躁等。大学生的情绪突然改变、明显不同于往常，出现不良情绪反应，如情绪低落、悲观失望、焦虑不安、无故哭泣、意识范围变窄、忧郁苦闷、烦恼或喜怒无常、自我评价丧失、自制力减弱等消极情绪时，就有发生心理危机的可能。大学生情绪变化的直接因素，是自我期望值过高、自我评价不合实际，以及学业、就业、情感、人际等问题。恶劣的情绪也是判定个体发生抑郁症的重要临床表现。

(二) 认知方面

大学生心理危机在认知方面的表现为观察问题、判断是非等，出现简单化、片面化，易于偏激，对事物的判断固执己见，难以听进别人的解释、钻牛角尖而难以自拔；看待和处理问题情绪化，缺乏理智，多意气用事；身心沉浸于悲痛之中，导致记忆和知觉改变，难以区分事物的异同；做决定和解决问题的能力受影响，有时害怕自己发狂，一旦危机解决，可迅速恢复正常。

(三) 行为方面

大学生心理危机在行为方面的表现为不能专心学习或劳动；回避他人或以特殊方式使自己不孤单；与社会联系破坏，可发生对自己或周围环境的破坏性行为；拒绝帮助，认为接受帮助是软弱无能的表现；行为和思维情感不一致；出现了过去没有的非典型行为。人的行为是心理活动的反应，正常的行为活动是一个人心理健康的重要表现之一。当个体出现行为异常，如饮食、睡眠出现反常、个人卫生习惯变坏，不讲究修饰、自制力丧失、不能调控自我、孤僻独行等非常态行为时，就要注意他是否有心理危机问题了。行为异常也是判定个体发生抑郁症的重要条件之一。行为变化也与情绪变化密切相关，不良的情绪会导致行为的反常变化。

(四) 躯体方面

大学生心理危机在躯体方面的表现为肠胃不适、腹泻、食欲下降、头痛、乏力、失眠、做噩梦、容易受惊吓，感觉呼吸困难或窒息、有哽塞感、肌肉紧张等。

四、大学生心理危机的种类

心理学上对大学生心理危机的分类有很多，我们结合实际情况，一般将大学生心理危机归纳为以下六方面。

(一) 成长性危机

成长性危机是指在正常成长和发展过程中，因急剧的变化或转变导致的异常反应。大学毕业、生活境遇的改变等都可能导致成长性危机。对大学生来说，新生入学不适应、不喜欢所学专业、没有当上班干部、没有被评上三好学生、大学毕业没有合适的工作等都可能导致成长性危机。每个人在不同的阶段履行不同的成长任务，当他们遇上困难及阻滞时，便会产生压力，并慢慢促进危机。因此，成长性危机被认为是一种正常的人生经历。所有的人和所有的成长性危机都是独特的，因而必须以独特的方式进行评价与处理。

成长性心理危机有三个特点：① 心理危机持续的时间比较短暂，但变化急剧；② 大学生在成长性心理危机期间容易出现一些消极现象，如厌学、人际冲突及情感冲突等；③ 成长性心理危机如果能顺利度过，将会促进大学生心理发展，使其获得更大的独立性，走向成熟。

(二) 境遇性危机

境遇性危机是指由外部环境造成的、突如其来的、无法预料的和难以控制的心理危机，如亲友突然亡故、父母失业、家庭经济来源突然中断等，或是受到突然的侵犯和恐怖事件(如遭到强奸、抢劫和暴力侵犯等)，而引起的心理危机。

(三) 情感性危机

当前，大学生的情感性危机似乎多见，对情感方面的问题能否正确认识和处理，已经直接影响到大学生的心理健康。情感性危机是指一个人在感情中遭到突然的打击，使其无法控制自己的感情，从而严重干扰自己的正常思维和对事物的判断及处理能力，甚至使工作、学习无法进行。遭遇情感性危机的大学生，在极度悲痛、恐惧、紧张、抑郁、焦虑、烦躁下，极易产生自杀的念头和做出莽撞的事情来，导致精神崩溃。在大学生中，最常见的情感性危机莫过于失恋，这是诱发大学生心理问题的重要因素，恋爱失败往往导致大学生心理变异，有的人因此而走向极端，甚至酿成悲剧。

(四) 存在性危机

存在性危机是指伴随着重要的人生问题，如关于人生目的、责任、独立性、自由和承诺等出现的内部冲突和焦虑。存在性危机可能基于现实，也可能基于回忆，或基于一种压倒性的、持续性的感觉，也可能像一个60岁的人，觉得自己的生活毫无意义，这种空虚无法以有意义的东西来填补。对于大学生来说，是出国还是留在国内，是考研还是工作，两个工作单位抉择哪一个，是否要转专业，是否决定与某个人发展恋爱关系，如何解决与导师的冲突，等等，都可能会发展成存在性危机。存在性心理危机的成功解决，对大学生的世界观、人生观、价值观的正确树立有着重大的影响。

(五) 心理障碍危机

心理障碍危机是指个体由于抑郁、焦虑、恐惧、强迫等心理障碍而导致的心理危机。持续性、强烈的心理障碍，如不及时进行调整和疏导，极易导致精神崩溃等失常现象的发生。

(六) 自杀性危机

个体由于无法应对生活中的问题而流露出自杀的意图，如经常谈论自己活着没有意思、没有希望，经常谈论自己的死或与死有关的问题，或写下遗嘱之类的东西，有的甚至已经采取过某些手段企图自杀。

五、大学生心理危机产生的原因

导致大学生心理危机产生的原因较复杂，综合概括起来主要有以下三方面的原因。

(一) 大学生自身的原因

大学生正处于不成熟人格状态向成熟人格状态转变的过渡时期，学业压力和就业压力较大；同时还面临情感问题、社会适应问题以及自身价值和自身角色确定等各种重大问题，所以，产生各种心理矛盾和发生思想观念的碰撞、冲突实属难免；还有的大学生患有严重的躯体疾病，这些问题都对大学生的心理调适能力提出了重大挑战，导致大学生容易出现苦闷、焦虑的情绪状态。如果大学生的负面心理状态不能及时得到调整，缺乏有效的教育辅导或者社会支持，就容易使大学生产生情绪偏激，导致攻击行为等。

(二) 教育培养的原因

学校教育和家庭教育普遍存在重知识教育和成就教育、轻人格教育和心理教育的状况。在应试教育的驱动下，学校和家长更重视学生的学习成绩、活动能力等看得见的指标，而忽视学生的情绪情感、心理需求、心理调适能力等看不见的指标。还有些教育方式不当，如多惩罚、少鼓励、多指责、少教育引导等，导致学生不能很好地建立自信心和自尊心，甚至学生出现了心理问题，而家长和教师竟然毫无察觉，直到心理危机事件发生了，才引起重视。

(三) 社会原因

一方面，大学生在现实中面临着各种生存和发展压力，如就业、升学、人际关系等问题，而且这些问题越来越多，也越来越大；另一方面，社会的变革导致大学生成长的环境更加复杂。例如，父母感情不和、父母离异、亲子关系不良，以及家庭的经济困难等因素，都使大学生在成长环境中没有得到足够的支持，没有形成良好的人际沟通与人际适应能力，没有形成对人生、社会、对他人友好的态度。此外，一些社会媒体对心理危机事件的过度渲染，使大学生模仿和效仿的频率有所上升，趋利的动机导致更多营利性机构对大学生不良嗜好的纵容等诸多社会不良影响，都增加了大学生心理危机因素的不确定和复杂性。

第三节　大学生心理危机预防及干预

心理危机干预是指在心理学理论指导下，对有心理危机的个体或群体进行的一个短期的帮助行为，其目的是及时对经历个人危机、处于困境或遭遇挫折和将发生危险的对象提供支持和帮助，使之恢复心理平衡。它不同于一般的心理咨询和治疗，最突出的特点是及时性、迅速性，关键是实施有效的行动。

一、大学生心理危机干预对象与干预原则

(一) 大学生心理危机干预的对象

大学生心理危机的干预对象，主要是存在心理危机倾向和处于心理危机状态的学生。他们一般表现为情绪剧烈波动或认知、躯体、行为等方面有较大改变，暂时不能应对或无法应对正常的生活模式。对存在下列因素之一的学生，应作为心理危机干预的高危个体，

给予特别关注。

(1) 在心理健康测评中筛查出来的有心理障碍、心理疾病或自杀倾向的学生。

(2) 遭遇突然打击或受到意外刺激后出现心理或行为异常的学生(家庭发生重大变故，身体发现严重疾病、感情受挫、受辱、受惊吓，与他人发生严重人际冲突后出现心理或行为异常的学生)。

(3) 学习压力、就业压力特别大以及严重环境适应不良，出现心理或行为异常的学生。

(4) 因严重网络成瘾行为而影响其学习及社会功能的学生。

(5) 性格内向、经济严重贫困且出现心理或行为异常的学生。

(6) 有严重的心理疾病(抑郁症、恐惧症、强迫症、癔症、焦虑症、精神分裂症、情感性精神病等)，且出现心理或行为异常的学生。

(7) 对最近发出下列警示讯号的学生，应作为心理危机干预的重要对象，及时进行危机评估与干预：一是谈论过自杀或考虑过自杀方法，包括在信件、日记、图画或乱涂乱画的只言片语中流露出死亡念头的学生；二是不明原因突然给同学、朋友或家人送去礼物，请客，赔礼道歉，无端致以祝福，诉说告别的话等行为明显改变者；三是情绪突然明显异常者，如特别烦躁、高度焦虑、恐惧、易感情冲突，或情绪异常低落，或情绪突然从低落变为平静，或饮食、睡眠受到严重影响等。

(二) 大学生心理危机干预的原则

大学生心理危机干预的一般原则主要有以下四条。

(1) 帮助当事人接受你的帮助。面临危机，心绪不佳、郁闷、痛苦是正常的，帮助当事人接受你的帮助，在你的帮助下经历、体验并开始摆脱痛苦，有助于当事人最终走出危机。

(2) 帮助当事人有所作为地正视和处理危机，对当事人的处境表示同情和关注，并有所准备地给当事人指明解决危机的办法，使其明白自己该做些什么、怎么做。

(3) 为当事人提供有关的信息。陷入危机的当事人往往因不了解真相而产生错觉，夸大危机的情境，对结果的想象远比事实更糟。因此，危机干预必须用适当的方式、手段和语言，帮助当事人发现事实的真相，正视现实，走出困境。

(4) 必须避免怂恿当事人责备他人。

二、大学生心理危机的自我调适及危机干预

(一) 心理危机自我调适

当心理危机出现时，首先需要大学生本人做好自我心理调适。

(1) 个人提高关注心理健康的意识，积极参加各种实践活动，提升心理品质。

(2) 正确的自我认知与环境认知。对自身有客观的评价，既不自卑，也不自负，建立自信心，接纳和悦纳自己，接受自己就是这样的人，无条件爱自己。

(3) 建立良好的人际关系。人际和谐是一种强大的支持力量，可以使我们的内心更加和谐。

(4) 学会改变认知，转变角度看问题。自觉运用精神防御机制，做好情绪和压力管理，建立科学的生活方式。

(5) 针对心理问题，学会识别，及时主动预约咨询，及时化解问题，学会运用心理学方法进行心理调适和自助。

(6) 正确对待心理疾病，要早发现、早治疗，若发现身边的人出现心理异常，应及时报告给老师或学校咨询部门，使其得到及时帮助和转诊治疗。

(7) 积极参加各种心理健康教育和社团活动，树立积极正确的人生观，坚定理想和信念。

(二) 大学生心理危机干预模式

大学生心理危机干预主要有三种基本模式：平衡模式、认知模式和心理转变模式。

1. 平衡模式

危机中的人通常处于一种心理或情绪的失衡状态，在这种状态下，原有的应对机制和解决问题的方法不能满足他们的需要。平衡模式的目的在于帮助人们重新获得危机前的平衡状态。平衡模式最适合于早期干预，这时人们失去了对自己的控制，分不清解决问题的方向，且不能做出适当的选择。

2. 认知模式

危机根源于对围绕时间的事件和环境的错误思维，而不是事件本身或与事件和环境相关的事实。该模式的基本原理是通过改变思维方式，尤其是认识到自己认知中的非理性和自我否定的部分，获得理性，强化思维中的理性和自我强化的成分，从而获得对自己生活中危机的控制。认知模式最适合危机稳定下来并回到接近危机平衡状态的求助者。

3. 心理转变模式

该模式认为，人是遗传天赋和学习特殊社会环境的产物。因为人总是在不断地变化、发展和成长，其所处的社会环境和社会影响也总是在不断地变化，危机可能与内部(心理的)和外部(社会的或环境的)困难有关。危机干预的目的是与求助者合作，以测定与危机有关的内部和外部困难，帮助他们选择替代其现有行为、态度和使用环境资源的方式。结合适当的内部应对方式、社会支持和环境资源，帮助他们获得对自己生活(非危机)的自主控制。这个模式适合已经稳定下来的求助者。

(三) 心理危机干预六步法

尽管人类会遭遇错综复杂、各式各样的危机，但危机工作者仍可以使用相对直接和有效的干预方法来处理危机。危机干预六步法已广泛被专业咨询工作者和一般工作人员所采纳，可用于帮助许多不同危机类型的学生。

危机干预工作者应该将检查评估贯穿于整个六步法的干预过程中。前三步是帮助学生确定问题、保证学生安全和给予支持，主要是倾听而非采取行动；后三步是提出并检验可变通的应对方式、制订计划和得到承诺，这是采取积极的应对方式，以动作作为工作重点。

1. 帮助学生确定问题

帮助学生确定问题即从学生的角度，确定和理解学生本人所认识的心理危机问题。在整个危机干预过程中，危机干预工作者应该围绕所确定的问题来倾听和应用有关技术。为了帮助确定危机问题，推荐在干预开始前，使用核心倾听技术：同情、理解、真诚、接纳及尊重。

2. 保证学生安全

在危机干预过程中，危机干预工作者应将保证学生安全作为首要目标。简单地说，就是干预者要将当事人对自我和他人的生理和心理的伤害和危险降到最小的可能性。

3. 给予支持

危机干预的第三步是强调与学生进行沟通与交流，使学生知道危机干预工作者是能够给予其关心和帮助的人。危机干预工作者不要去评价学生的经历和感受是否值得称赞，或是否是心甘情愿的，而是应该提供这样一种机会，让学生相信"这里有一个人确实很关心我，在乎我"。

4. 提出并检验可变通的应对方式

这一步侧重于学生与危机干预工作者常会忽略的一面，即有许多适当的方法和途径可供学生选择。因为多数情况下学生处于思维不灵活的状态，不能恰当地判断什么是最佳的选择。有些处于危机的学生甚至认为无路可走了。

在这一步，危机干预工作者有效的工作能帮助学生认识到，有许多可变通的应对方式可供选择，其中有些选择比别的选择更为适宜。应该从多种不同途径思考变通的方式：① 环境支持，这是提供帮助的最佳资源，学生知道有哪些人现在或过去会关心自己；② 应付机制，即学生可以用来战胜目前危机的行动、行为或环境资源；③ 积极的、建设性的思维方式，可用来改变自己对问题的看法并减轻应激与焦虑水平。如果能从这三方面客观地评价各种可变通的应对方式，危机干预工作者就能够给感到绝望和走投无路的学生以极大的支持。

5. 制订计划

危机干预的第五步是制订计划，这是从第四步逻辑地、直接地发展而来的。危机干预工作者要与学生共同制定行动步骤来矫正其情绪的失衡状态，具体包括：① 确定有另外的人、组织团体和有关机构能够提供及时的支持；② 提供应对机制——学生现在能够采用的、积极的应对机制，确定学生能够理解和把握的行动步骤。根据学生应对能力，计划应切实可行地和系统地帮助学生解决问题，包括学生与危机干预工作者的共同配合，如使用放松技术。

6. 得到承诺

第六步得到承诺紧接在第五步之后。同样，控制性和自主性问题也存在于得到恰当的保证这一过程中。如果制订计划这一步完成得较好，则保证这一步就比较容易。多数情况下，保证这一步比较简单，让学生复述一下计划，如"现在我们已经商讨了你计划要做什么，下一步将看你如何向他(或她)表达自己的愤怒情绪。请跟我讲一下你将采取哪种行动，以保证你不会大发脾气，避免危机的升级"。在这一步中，危机干预工作者要明确，在实施计划时是否达成同意合作的协议。

在第六步中，危机干预工作者不要忘记其他帮助的步骤，诸如评估、保证安全和给予支持的技术。在结束危机干预前，危机干预工作者应从学生那里得到诚实、直接和适当的承诺，然后在检查、核实学生行动的过程中用理解、同情和支持的方式来进行询问。也就是说，核心的倾听技术在这一步也很重要，与在确定问题中的其他步骤一样。

三、大学生自杀及干预

自杀是个体有意识地采取各种手段自愿结束自己生命的异常行为。自杀是一种复杂的现象，并且导致很多社会问题。从心理学角度分析，自杀者多数是由于生活中遭遇困境而产生激烈的内心冲突，陷入危机状态，不能自拔，难以承受或心理异常而产生的自毁行为。

我国每年因自杀而死亡的人数达28.7万，自杀死亡占中国死亡人数的3.6%，并且是第5位最重要的死亡原因，而在15~34岁的人群中，自杀是第一位的死因。

(一) 大学生自杀人群的基本特征

1. 自杀者的性格特征

自杀者的性格通常表现为过于内向、孤独，容易陷入焦虑和绝望中；偏执、过分认真；责任心过强、缺乏兴趣爱好、情绪不稳定。这些性格偏离常常与父母不正确的教育态度和复杂的家庭关系有关。有研究表明，自杀者中性格内向与较内向的占95.2%，孤僻的占52.4%，虚荣心强的占71.42%。

2. 自杀者的行为特征

自杀者的行为一般具有以下特征：把自己想死的念头对周围人诉说，或在日记、绘画中表现出来；情绪性格明显反常，焦虑不安，或无故哭泣；抑郁状态，食欲不好，失眠；回避与人接触，与集体不融洽或过分注意别人；行为明显改变，对生活麻木且冷漠的人，自杀前像突然变了一个人，敏感又热情；无故送东西、送礼物给亲人或同学，无故向他人道谢或致歉；上课无故缺席，迟到早退，成绩骤降。

(二) 大学生自杀的原因

近年来，大学生自杀事件频频发生，令人深思。大学生自杀绝对人数在上升，相对人数在下降，自杀率虽然比国外大学生低，但是负面影响不可忽视。经调查分析，大学生自杀的一般原因如下。

1. 家庭原因

家庭环境对青少年的心理健康至关重要。父母性格不良，家庭教育内容和教育方法不当，家庭气氛差，父母关系不和谐，父母受教育水平低等，都直接影响孩子的心理健康。大学生自杀与儿童时期的家庭环境密切相关，经济条件差也会使大部分学生产生消极行为。

2. 学校因素

一方面，长期以来，我们的教育一直被"功利"包围，为升学左右。在升学这根"指挥棒"的指引下，教育的一切工作都围绕着考试转，死死盯着各种高考、中考的升学率，学校想尽办法提高学生的应试能力，而应有的挫折教育、责任教育、生命教育自然被淡化和抛弃；另一方面，学校不够重视学生的心理健康教育，导致学校的心理健康队伍、资金、场地、课程等相关投入不够，心理健康工作缺失。

3. 社会因素

社会在快速发展，各种竞争日益激烈，生活节奏加快，人与人之间的交流和沟通却在减少。大学生接受的现代教育与传统教育，东方文化与西方文化产生碰撞，年轻的大学生易迷失方向，造成严重的价值错位。世界观、价值观的偏差往往会造成人对社会的不适应，使人不能客观地面对挫折和压力，产生认知偏差，易忽视事物好的方面，夸大不好的方面，导致心理承受能力较差的学生不能及时调整自己的心态，就可能产生自杀冲动。也有的学生认为心理疾病是可耻的，他们不敢主动找心理医生寻求帮助，直到自杀。

4. 自身个性因素

自杀与自杀者的心理特征有着密切的关系，弱而不稳定、强而不均衡的性格都容易使人产生心理危机，经不起生活的各种挫折，也不积极改善本人的心理状况，很少有人去做心理咨询而进行自我封闭。无助感和无妄感长时间得不到缓解，就会导致自杀。

5. 疾病因素

各种精神疾病也是导致大学生自杀的重要原因之一。由于公众缺乏精神卫生知识，由焦虑、抑郁等心理障碍导致的心理危机，不能被早发现，即便被发现，受社会偏见的影响，精神疾病患者也不敢就诊而延误病情，结果导致悲剧的发生。

(三) 大学生自杀倾向的识别

在识别大学生自杀倾向之前，我们有必要先对自杀倾向与自杀之间的关系做一下了解。大多数研究者认为，自杀并不是突然发生的，而往往有一个明显的发展过程和具体的心理表现。日本学者长冈利贞认为，自杀过程通常要经历以下阶段：产生自杀意念—下决心自杀—行为出现变化，思考自杀的方式—选择自杀的地点与时间—采取自杀行为。对于不同年龄、不同个性、不同情境下的人，自杀过程有长有短。

1. 有下列信号时，须立即干预

有自杀意念的人在自杀前会传递各种信号，可以从他的言语、身体、行为三方面进行观察：言语方面，有自杀意念的人会间接地、委婉地将自杀意念说出来，或者谨慎地暗示周围，如"学业严重受挫折""想出走""活着没有意思"；身体方面，有自杀意念的人会有一些身体症状反应，比如感到疲劳、体重减轻、食欲不好、头晕等，这往往是抑郁情绪所致，不能简单地认为是身体疾病；行为方面，当自杀意念增强时，在日常生活中会表现出不同于平常的行为，如无故缺课、频繁洗澡、看有关死亡的书籍，甚至出走、自伤、自残等。根据以上种种征兆，可以为自杀预防提供线索和可能。

2. 及时提供帮助

对有自杀征兆的人，首先，要保持头脑清醒和耐心倾听，让他倾诉自己的感受，要认可他表露出的情绪，不要试图说服他改变自己的感受。其次，询问他们是否想自杀，例如："你是否感觉到那种痛苦、绝望，甚至想结束自己的生命？"要相信他们说的话，当他们说要自杀时，我们应认真对待，如果他要你对其想自杀的事情给予保密时，不要答应。最后，让他相信通过帮助可以缓解面临的困境，并鼓励他们寻求帮助，同时说服其他相关人员共同承担帮助他的责任。如果你认为他当时自杀的危险性很高，不要让其独处，应立刻陪他去找心理医生或医院接受评估和治疗。

通常人们对自杀有一些错误的观点，比如，认为与想自杀的人讨论自杀，就是在诱导

他去自杀；威胁别人想要自杀的人是不会自杀的；一个人自杀未遂后，就不会再有自杀威胁；自杀是一种冲动性的行为，等等。我们要改变这些错误认识，不放弃任何挽救自杀者的机会。

(四) 大学生自杀行为的预防

(1) 做好自杀预防的宣传工作。教师和学生都应了解自杀的一些基本常识，能辨别出学生有无自杀危险的信号，密切注意自杀迹象，做到防患于未然。

(2) 及时普查学生的心理健康状况。学校定期对学生的心理健康状况进行普查，建立心理健康档案，掌握学生的心理健康状况，对有问题的学生及时提供帮助，使其增强自信心，对前途充满希望。

(3) 开展心理健康教育，普及心理卫生知识。大学生有很强的认知能力，经过启发，会转变思维方式以应对问题，使情绪、行为发生变化。因此，学校应在学生中普及心理健康知识，帮助大学生优化心理品质，增加心理适应能力和社会适应能力，帮助他们化解环境适应、自我管理、学习困难，交友恋爱、求职择业、人格发展和情绪调整等方面的困惑，从而缓解心理压力，预防极端行为发生，促进大学生心理健康。

(4) 社会媒体应承担起正确引导大学生的责任。大学生求知欲旺盛，好奇心特别强，喜欢模仿，但他们身心各方面毕竟还没有完全成熟，对人生和生活的认识还十分模糊，名人的自杀，影星、歌星的自杀会对他们产生诱导作用，使他们把自杀看作是一个好玩的、勇敢的举动。因此，社会媒体对明星的自杀不应过分渲染，以免对大学生造成误导。

(5) 加强挫折教育。现在的大学生所受的挫折教育太少，心理非常脆弱。因此，无论家庭还是学校，在教育孩子上，在以正面教育为主的同时，不妨加强挫折教育，培养他们的心理承受能力。

(6) 重视开展大学生心理辅导和咨询工作。学校要积极创造条件，建立心理健康工作体系，开展经常性的心理辅导或咨询工作。面向全校学生，通过个别咨询、团体辅导活动、心理行为训练、书信咨询、电话咨询、网络咨询等多种形式，有针对性地对大学生提供经常、及时、有效的心理健康指导与服务。

(7) 改变大学生的认知歪曲，对其自杀意念和行为进行认知干预。国外相关研究显示，通过帮助自杀者发现、挖掘其不良认知，代之以理性、现实的认知，能使其迅速摆脱自杀的危机情境，更好地适应现实生活。因此，必须帮助其采取一些诸如寻求社会支持系统、合理宣泄、转移注意力等积极、有效的措施，向不合理的甚至错误的观念宣战，以期待大学生自杀倾向者能够真正调整自我、改变自我，最终摆脱自杀观念。

心理知识之窗8-1 学会放下

培训师在课堂上拿起一杯水,然后问台下的听众:"各位认为这杯水有多重?"有人说是半斤,有人说是一斤。培训师说:"这杯水的重量并不重要,重要的是你能拿多久?拿一分钟,谁都能够;拿一个小时,可能觉得手酸;拿一天,可能就得进医院了。其实这杯水的重量是一样的,如果我们一直把压力放在身上,不管时间长短,到最后就觉得压力越来越沉重而无法承担。我们必须做的是放下这杯水,休息一下再拿起这杯水,如此我们才能拿得更久。所以,各位应该将承担的压力于一段时间后适时地放下并好好休息一下,然后再重新拿起来,如此才可承担更久。"

·思考题·

1. 什么是生命教育?大学生生命教育的重点内容有哪些?
2. 什么是危机干预?如何做好大学生的自杀预防?

第九章 塑造你的人格魅力
——提升你的幸福感

・本章提要・

本章主要是使学生了解人格的基本知识、大学生常见人格缺陷的表现，掌握自我调适人格缺陷及提升幸福感的途径和方法。

第一节　人格概述及大学生人格特点

一、人格及其形成因素

(一) 人格的特征

世界上没有两片一模一样的树叶，生活中也没有两个一模一样的面孔，即使是同卵双生子也是如此。人格就如同人的面孔一样，千差万别，千姿百态。那么，什么是人格？人格，是一个人整体心理面貌的反映，是具有一定倾向性的、相对稳定的心理特征的总和。简单地说，人格就是一个人区别于他人的个性特征的总和，也称个性。人格主要由个性倾向性和个性心理特征组成，个性倾向性包括需要、动机、兴趣、爱好、理想、信念、世界观等，个性心理特征包括气质、性格和能力。人格表现了人的心理差异性，如有的人文静，有的人活泼；有的人正直，有的人虚伪；有的人敏捷，有的人迟钝；有的人勇敢，有的人懦弱。

人格具有以下特征。

1. 整体性和独立性

人格的整体性是指组成人格的各种心理特征，如气质、能力、性格、情感、意志、认知、需要、动机、态度、价值观等，各个特征并不是独立存在的，而是密切联系，形成一个有机组织。正像一辆汽车，它要顺利运行，各部分必须协调一致，朝着一定的目标，作为一个整体而运作。

人格的独特性是指人与人之间的心理和行为的差异性。俗话说："心不同，各如其面。"在日常生活中，我们随时随地都可以感受到每个人的行动都不同于他人，每个人各有其独特的能力、爱好、认知方式、情绪表现和价值观。

2. 稳定性和可塑性

由各种心理特征构成的人格结构是比较稳定的，它对人的行为影响是一贯的，不受时间和地点的限制。

但人格的稳定性只是相对的，并不是一成不变的，它还具有可塑性。人格是在主客观条件相互作用中发展起来的，同时又在主客观条件作用过程中发生变化。儿童的个性还不稳定，受环境影响大；成人的个性比较稳定，但通过自我调节也能对个性的改变起重要作用。例如，逆境可以使人消沉，但通过自我调节，人也可以使自己变得坚强。

3. 社会性和生物性

人格的形成和发展既有生物因素的作用，也有社会因素的作用。但生物因素只给人格的发展提供了可能性，社会因素才使这种可能性转化为现实。人在社会交往中逐渐形成和发展自己的个性。

(二) 人格形成与发展的影响因素

人格是如何形成的？一个人的人格形成必定具有两个基础：一是遗传生物因素基础；二是环境基础。也就是说，人格是遗传和环境交互作用的结果。其中，遗传因素是人格的自然前提，在此基础上，环境因素对人格的形成和发展起决定作用。

二、人格的心理特征

人格的心理特征是指在心理活动过程中表现出来的比较稳定的因素，它包括能力、气质和性格。以下主要介绍气质和性格。

(一) 气质

什么是气质。有人说，人一出生就如一张白纸，可以任意勾画出不同类型。但是，人与生俱来的特质是在新生儿降生的瞬间，或是说胎儿阶段就已经形成了。例如，我们所说的"急性子"和"慢性子"，就属于先天的气质。

气质是心理活动表现在强度、速度、稳定性等方面动力性质的心理特征。它相当于我们日常生活中所说的脾气、秉性或性情。"江山易改，本性难移"形象地说明了气质的稳定性。心理活动的速度和稳定性是指个体知觉的速度、思维的灵活程度、注意力集中的时间长短等；心理过程的强度是指个体情绪的强弱、意志努力的程度等；心理活动的指向性是指个体倾向于外部事物、善于从外界获得新印象，还是倾向于内部、经常体验自己的情绪、分析自己的思想和行为等。

(二) 气质类型

早在2500年前，古希腊的医生希波克拉特就提出了体液说，认为人体内有四种体液，即血液、黏液、黑胆汁和黄胆汁，进而把人分为多血质、黏液质、胆汁质和抑郁质四种气质类型。

气质有复杂的心理结构，它的心理特性主要包括以下几点。

1. 感受性

这是人对身体内外适应刺激的感受能力，可以用感觉阈限的大小来度量。

2. 耐受性

这是人对外界刺激在时间上和强度上的耐受程度。它可表现在长时间从事某项工作时注意力的集中性和对刺激强烈(如疼痛、噪声等)的耐受性等方面。

3. 反应的敏捷性

这主要是神经过程灵活性的外在表现。它包括两类特性：一类是不随意的反应性，如不随意注意的指向性、不随意运动反应的指向性等；另一类是指一般的心理反应和心理过程进行的速度，如说话的速度、记忆的快慢、思维的敏捷度和注意转移的灵活度等。

4. 可塑性

这主要是神经过程灵活性的表现。它反映人们根据外界事物的变化而改变自己的行为，适应环境的难易程度。如果主体容易产生适应性行为，而且行为果断敏捷，情绪上不出现困扰，那么这种人具有较大的可塑性；相反，如果主体感到很难适应外界的变化，情绪上出现纷扰、行动迟缓、态度犹豫，那么这种人就表现出较小的可塑性。

5. 情绪的兴奋性

这是神经过程的强度特性和平衡特性的重要表现。例如，有的人情绪兴奋性强而情绪抑制力弱，这表明其神经过程有强而不平衡的特点。

6. 外倾性和内倾性

这是指人的心理活动、言语和动作反应是表现于外还是隐藏于内的活动特性。表现于外的叫外倾性，是兴奋过程占优势的表现；隐藏于内的叫内倾性，是抑制过程占优势的表现。

(三) 气质的评价

了解了气质的类型和特性，那我们如何看待气质，又如何利用和调节气质？生活中我们常会听人说"这个人的气质真好！"那么气质真的分好坏吗？心理学意义上的气质是不分好坏的。因为气质是由先天的高级神经类型决定的，是人的天性，无好坏之分。每一种气质类型都有其积极的方面，也有其消极的方面，我们无选择的余地，但是可以了解自己、悦纳自己，扬长避短，发挥气质中积极的一面，努力克服气质的消极方面。了解了自己的气质特征，你就可以做气质的主人，以此来指导自己的人际交往、职业选择、专业发展等，并促进自己的心理健康发展。

(四) 性格

1. 性格及特征

大千世界，事有迥异，人亦不同。有的人豁达大度，有的人则小肚鸡肠；有的人勤奋勇敢，有的人则懒惰怯懦；有的人积极进取，有的人则自暴自弃；有的人一心为公，有的人则损公肥私；有的人主持正义，有的人则颠倒黑白……人与人的这些区别告诉我们，在我们每个人面前，都面临着一个人格的选择问题。一个人选择了正确的人格模式，就会走向成功，走向美好；选择了错误的人格模式，就会走向失败，走向痛苦。而这里的"人格"更多的是指一个人的性格。那么，什么是性格呢？

性格是一个人对人、对己、对事的稳定的态度及相适应的习惯化了的行为方式。它是人格结构中表现最明显，也是最重要的心理特征。例如，一个人对人很善良(态度)，则他通常表现得利他、谦让、宽容(行为)。

我们知道人的性格是千差万别的，这主要是因为构成性格的心理特征不同。例如，说一个人热情、善良、认真、负责、独立等，这些心理特征代表了一个人的性格。

性格的特征主要由以下四方面组成。

(1) 性格的态度特征：对社会、集体、他人以及对待自己的态度的性格特征。

对他人的态度：正直或虚伪、热情或冷淡、礼貌或粗鲁；对学习、工作的态度：勤劳或懒惰、认真或马虎、创新或墨守成规、节俭或浪费；对自己的态度：谦虚或骄傲、自信或自卑，等等。

(2) 性格的意志特征：对自己的行为自觉地进行调节的特征，如自觉或盲目；独立或依赖；主动或被动；自制或冲动；勇敢或怯懦；持之以恒或虎头蛇尾等。

(3) 性格的情绪特征：情绪活动中人在情绪的强度、稳定性、持续性和主导心境等方面表现出来的性格特征，如愉快或忧郁，激动和冷静，喜怒无常或情绪稳定，等等。

(4) 性格的理智特征：人在认知活动中的性格特征，如在观察事物的时候，仔细观察或粗糙、易受暗示；在思维方面，片面肤浅、以偏概全或细致、深刻、全面、灵活，等等。

2. 性格的分类

性格的分类有多种方法，而且从不同的角度反映一个人性格的某一方面。

性格按情绪的控制程度可分为情绪型和理智型。情绪型的人情绪体验比较深刻，虽然待人热情，做事大胆，但行为容易受情绪左右，有时会出现冲动，情绪容易起伏，注意力不够集中，兴趣易转移。理智型的人在性格中理智特征特别鲜明，善于控制自己的情绪，自制力强，处事谨慎，但容易畏首畏尾。

性格按个性倾向性可分为内倾型和外倾型。内倾型的人心理活动多倾向于内部，情感含蓄内敛，自制力比较强，善于忍耐，情绪体验深刻，但不善于交际，反应缓慢，易优柔寡断，交际面窄，适应环境比较困难。外倾型的人心理活动多倾向于外部，活泼开朗，善于交际，感情易于外露，做事不拘小节，容易适应环境，独立性强，但有时草率、粗心大意。

性格按个体的独立程度可分为独立型和顺从型。独立型的人能够独立地发现问题、解决问题，具有坚定的信念，不易受外界的干扰，镇定自若，勇于坚持自己的观点，自主自立，自强不息，但是易固执己见，不太合群。顺从型的人随和谦虚，服从性较好，但敏感、易受暗示、依赖性强，遇紧急情况易惊慌失措。

性格按人的行为方式可分为A、B、C三种类型。A型性格的人，性格外向，做事主动，有很高的理想抱负，时间观念强，做事节奏快，情绪紧张。B型性格的人为人处事比较温和，做事不急不躁、讲究方式方法，与他人关系协调，能正视现实，不气馁，不妄求，抱负较少，期望值不高。C型性格的人往往生活中过于压抑自己的情绪，害怕竞争，逆来顺受。

一般来说，典型性格类型的人并不多，多数人处于两者之间，或偏向某一类型。任何人都有某些好的性格特征，也有某些不好的性格特征，所以，我们要以积极的态度对待自己的性格，对自己的性格进行完善、优化。

三、大学生的人格特点

有研究结果表明，当代大学生具有如下人格特征。

(一) 价值取向物质化、功利化

袁明锋等人的研究结果显示，对于"人生最大的幸福是什么"问题的回答，57%的同学选择了"受人尊重、家庭美满、宁静平淡地生活"；24%的同学选择了"事业成功"；19%的同学选择了"为社会做贡献"。对于"努力工作的目的"问题的回答，67%的同学选择了"实现自我价值，得到社会承认"；22%的同学选择了"个人生活得更好的"；只有11%的同学选择了"为国家和社会进步做出应有贡献"。而对于"个人和社会关系"，大学生强调个体本位，注重优先满足个人利益和需要，社会、集体其次，把生活当作实现自我价值的手段。可见，大学生生长的社会环境让他们更关注个人的、现实的和经济方面的利益，而不是抽象的哲学或者信仰层面的东西。

(二) 热衷"非主流"，个性张扬

生活中，很多大学生为了凸显自我个性，一般不盲从潮流，而是喜欢标新立异。他们对主流文化认同感淡化，服饰、言行和生活方式都讲究符合自己的个性。在生活中，他们试图表现得与众不同，有强烈的被关注欲，从而寻找心理平衡。

(三) 依赖性很强，抗压能力弱

虽然大学生有强烈的独立意识，不愿让别人过多地管自己的事情，但是由于他们大多数是独生子女，从小就被娇生惯养，在日常事务和经济上对父母的依赖非常强，这也直接造成了他们承受挫折的能力比较弱，遇到小事也会有很大反应，容易产生过激行为等。

(四) 早熟，且有强烈的反叛意识

随着现代通信技术的发展和网络的普及，大学生能从互联网上得到各种各样的信息，导致他们比较容易早熟，他们自认为是"大人"了，高唱"我的青春我做主"，但是心智又没有达到成人的水平。这不可避免地使得他们的主观意愿与家长的意愿以及社会的传统意愿不一致，所以他们很容易形成强烈的反叛意识。

第二节　大学生人格完善的途径及调适方法

一、塑造人格魅力

人格魅力是指一个人的性格、气质、能力等方面具有很能吸引人的力量，是一个人道德品质的基础反应，是理想和追求的外部表现，是一个人灵魂的折射。具备什么样的人格，也就决定了有什么样的人生追求和价值目标。塑造人格魅力不是追求完美，不是必须表现得与众不同，而是发展积极的心态，矫正人格中的缺陷，追求健康的人格，表现真实

的自我。

马斯洛认为，一个现代人，一个心理健康的人，首先应是一个自我实现的人。所谓自我实现的人，就是一个充分发挥了自我潜能并以此为生活目标而感到愉快的人。

马斯洛通过对49位著名人物，如爱因斯坦、贝多芬、罗斯福、赫胥黎等人的研究，描述了自我实现者的15个积极特征。

(1) 能认清现实并保持与现实的良好关系。他们能对现实采取客观的态度，不是按照自己的愿望看世界，而是按照它的本来面目来认识它。

(2) 能接受自然、他人和自己。他们知道自己的长处，也承认自己的缺点；不护短，也不遗憾。他们同样也能容忍他人的缺点，承认这是人性的自然。

(3) 自发、单纯和自然。他们言行坦然，而不造作，一切发自他们的自然的本性，也不会为了一些小事情做出伤害他人的反应。他们不故意违反社会常规，但在他们认为是重要的问题上也会毫不迟疑抗拒习俗。

(4) 以问题为中心。他们热爱自己的事业，能献身于事业，哲学家和科学家从工作中寻找真理，艺术家寻找美，法学家寻求正义，道德家寻求善，政治家寻求和平等。他们从事工作不是为了金钱、名望或权势，工作在他们眼里就是最高的享受。

(5) 有独处和独立的需要。他们不回避与人接触，但并不依赖他人，而且有所保留。他们能自己拿主意，做出自己的决断，按照自己的意愿行事。有时他们可能招致误解，被认为不够友谊和友好，实际上他们并不是有意如此。

(6) 自主而不依赖环境。他们不再受缺失性动机的支配，因而他们和环境的关系也由被动转为主动。他们的发展是由内部的潜力推动的。不幸的遭遇能毁伤不健康的人，自我实现者却能处之泰然。

(7) 能欣赏生活，有持续的新鲜感。他们对于生活经验永不满足，能无数次欣赏常见的晚霞、第一交响乐，或喜欢某种偏爱的食物，这些经验永远是新鲜的。引起他们欢乐的经验往往是日常活动，这些经验5年后的感受和第一次的感受几乎没有差别。

(8) 有神秘或"高峰"体验。并非所有的高峰体验都极端强烈，也有较平和的高峰体验。健康的人比一般人有较经常的高峰体验，几乎每天都有这样的体验。

(9) 关心社会。对人有强烈的同情心，愿意帮助他人。他们是人类家庭中的一员，关心每一位其他成员就像哥哥姐姐关心弟弟妹妹一样。

(10) 能发展与他人深刻的关系。他们有伟大的爱，深厚的友谊，能和他人打成一片。但他们与他人的关系虽然能更深地发展，但数量上却是不多。他们的交往是有选择的，共同的价值观念是发展深厚关系的基础。

(11) 民主的性格结构。他们能宽容和接受一切人，不论社会阶级、教育程度、政治和宗教从属关系、种族肤色如何。他们的行为不限于宽容，而是能以平等的态度待人。他们随时准备倾听别人的意见，虚心向任何有知识的人学习。

(12) 能分辨手段与目的的区别。在他们看来，目的比手段更重要。不健康的人认为是手段的某些活动，自我实现者会认为是目的本身。他们也能区别善与恶，正确与错误。他们有明确的伦理道德标准，并能在一切场合坚守这些准则。

(13) 非敌意的幽默感。一般人的幽默是嘲笑他人的或盛气凌人的。而自我实现者的幽默都是哲学的。它不是针对某一个人的，而是针对一般人的。它富有深意，既引人发笑，又树立观点。它是思想性的幽默，引起的是微笑和理解，而不是大声的大笑。

(14) 富有创造性。自我实现的创造性是心理健康的一种表现，涉及我们对世界的认识和反映的方式，不是专指艺术性创作。从事任何职业的人都能显示创造性。

(15) 非尊奉主义。他们是自足和自立的，能独立思考和行动，顶住环境的压力。他们能保持内在的超脱，不受社会文化的束缚，在重大问题上能坚持自己正确的观点。

二、大学生常见人格缺陷及调适

(一) 性格狭隘及调适

心胸狭隘，即日常所说的"小心眼""心眼窄"。这样的人凡事好斤斤计较、耿耿于怀、好嫉妒、好挑剔、容不得人。有狭隘性格的人往往感情脆弱、意志薄弱，受不了委屈和批评，对个人得失看得较重。这样的人常常会有烦闷、苦恼等负面情绪，人际关系也会受到影响。要克服狭隘性格，应该做到如下几点。

1. 胸怀宽广，以大局为重，一切向前看

如果能确立一个积极的目标，把眼光放长远一些，自己眼前的得失就不算什么，遇事也就不会斤斤计较了。正如雨果所说，世界上最宽广的是海洋，比海洋宽广的是天空，比天空还要宽广的是人的胸怀。

2. 丰富自己，多看书，多与人交往，多参加校园文化活动

你越有知识，你的眼界就越开阔，你就越不容易陷入狭隘之中，正所谓"站得高，看得远"。

3. 宽以待人

学会宽容别人，是一个人的美德，是我们与人相处的一个原则，是我们获得朋友、保持友谊的良策。只要不是原则上的事，就不必斤斤计较，患得患失。人际交往是遵从互酬互惠原则的，一定程度上，你付出多少，最终也会从别人那里得到多少。抛开"自我中

心"，就不会遇事狭隘计较，"心底无私"才能"天地宽"。

(二) 悲观心理及调适

在大学生中，有一些人一遇到苦恼、挫折和失败，就会垂头丧气、心灰意冷，对前途失去信心，失去希望，甚至悲观绝望。比如，有的同学有一门功课不及格，就担心毕不了业，拿不到毕业证；与同学闹了点矛盾，几天不说话，就认为没有人会跟自己好。这样的人常常以偏概全，夸大事情消极的一面，忽视积极的一面，总是爱将目光盯在自己的弱点、困难上，看不到自己的成绩、优势。引起悲观的主要原因有人生态度、意志品质、认知偏差、人格不成熟等因素，这对人的身心伤害极大。美国科学家的一项最新研究显示，持悲观厌世、消极和沮丧等消极情绪的人，可能比积极态度的人更容易患痴呆症。

克服悲观心理就要树立乐观的人生态度。何为"乐观"？我国学者将乐观归为"三观"，即"信心观""希望观"和"进化观"，就是对自己有信心，对别人有信心。凡是对自己有信心的人必然是乐观的人，无论在何种艰难困苦的境地中，他都不会失掉自信。美国心理学家马丁认为："乐观是一个人成功的重要因素。"

心理自助训练9-1 改变悲观、培养乐观的十条建议

德国心理学家皮特·劳斯特提出改变悲观、培养乐观的十条建议。

(1) 越担惊受怕，就越易遭灾祸。因此一定要懂得积极态度所带来的力量，要坚信希望和乐观能引导你走向胜利。

(2) 即使处境危难，也要寻找积极因素。这样，你就不会放弃取得微小胜利的努力。你若乐观，你克服困难的勇气就会倍增。

(3) 以幽默的态度来接受现实中的失败。有幽默感的人，才有能力轻松地克服厄运，排除随之而来的倒霉念头。

(4) 既不要被逆境困扰，也不要幻想出现奇迹，要脚踏实地，坚持不懈，全力以赴去争取胜利。

(5) 不管多么严峻的形势向你逼近，你也要努力去发现有利的条件。不久，你就会发现到处都有一些小的成功，这样，自信心自然就会增强了。

(6) 不要把悲观作为保护你失望情绪的缓冲器。乐观是希望之花，能赐人以力量。

(7) 你失败了，但你要想到，你曾经多次获得过成功。这才是值得庆幸的。

(8) 在你的闲暇时间，努力接近乐观的人，观察他们的行为，通过观察，你能培养起乐观的态度，乐观的火种也会慢慢地在你内心点燃。

(9) 要知道，悲观不是天生的。像人类的其他态度一样，悲观不但可以减轻，而且通过努力还能转变成一种新的态度——乐观。

(10) 如果乐观态度使你成功了，那么你就应该相信这样的结论：乐观是成功之源。

如果这10个建议，你做到了5个，那么你还是完全有理由庆祝一下，因为你已经成功完成了5个建议。

(三) 猜疑心理及调适

所谓猜疑，一猜二疑，疑是建立在猜的基础上的，因此往往缺乏事实之根据，在许多时候也缺乏合理的逻辑思维。培根在《论猜疑》中指出："猜疑之心犹如蝙蝠，它总是在黄昏中起飞。这种心情是迷惑人的，又是乱人心智的。它能使你陷入迷惘，混淆敌友，从而破坏人的事业。"怎样克服猜疑之心呢？

1. 胸怀坦荡

无私才能无畏。反之，"做贼心虚"，心里不坦荡就会容易引起猜疑。"心底无私天地宽"，这样对人、对事才会自然。

2. 培养自信

好猜疑的人往往是自信心不足的人。一个人越自信，越容易信任他人，就越不容易产生猜疑之心。

3. 宽以待人

学会全面、辩证地看待他人和自己，这样就不会随便猜疑他人，也不会斤斤计较。

4. 加强沟通

猜疑常是由于误会或他人搬弄是非引起的。如果对某人有看法和猜疑，不妨坦诚地和对方交流意见，诚恳地把自己的疑问提出来，心平气和地与对方交谈，当疑团解开时，自己的内心就会舒畅。

5. 自我暗示

如果你时常猜疑，说明你存在着认知偏差的问题。当你又开始怀疑别人在背后说你坏话、看不起你时，你可以在心中默念"猜疑是有害的""我不应该怀疑他""他不会对我说谎的"等句子，这样反复给自己灌输这些思想，就能克服多疑的毛病。

(四) 优柔寡断及调适

优柔寡断的人往往表现为做事注意力难以集中，在各种选择面前犹豫不决、患得患失、思前想后、左右摇摆、难以决断，结果往往是错失良机、浪费光阴。

要克服优柔寡断，关键是培养决断力。大学生可以从以下几方面着手去做。

1. 丰富自己的知识，不断扩大信息量

有时寡断是由于知识、信息的不足导致的，多参加社会实践，丰富自己的社会经验，增强预见性和洞察力。正如培根所说，"知识就是力量"。

2. 培养独立处理事情的能力

在生活中要从小事做起，逐渐学会独立完成复杂的事情，克服依赖性，培养独立性和自主性。

3. 要有正确的得失观

不要有"求全"的心理，没有十全十美的事情，任何选择都有得有失，因此要丢掉患得患失的包袱，敢作敢为，只有敢于失去，才能真正得到。

4. 要有正确的失败观

客观评价自己，提高自己，不夸大失败的后果。

(五) 拖沓及调适

"总是要等到睡觉前，才知道功课只做了一点点，总是要等到考试以后，才知道该念的书都没有念。"这几句歌词道出了拖沓现象在大学生中存在的普遍性。

拖沓是不少大学生的通病，表现为能够完成的事却不及时完成，今天推明天，明天推后天。导致拖沓的原因主要有：一是对所做的事情没有把握，感觉困难，用拖延时间来逃避现实；二是认为事情简单，很容易完成；三是过于追求完美而拖沓；四是目标不清；五是缺乏自我约束；六是缺乏主见而导致拖沓。

大学生告别拖沓，可以着重从以下方面入手。

1. 放下畏惧，步步行

因为害怕困难而拖沓的人，往往缺乏自信，他们往往将实际困难夸大，自己被吓到。因此，解决这类拖沓，首先要在心理上放下畏惧的包袱，保持"雾中行路"的心态。雾天出行，远远望去只是一片迷茫，辨别不出方向，我们不知道下一秒会遇到什么，然而当我们放下畏惧，一步一步向前走的时候，就会发现每走一步，我们都能将下一步路看清楚。所以，这时我们最好先将任务进行分解，把大块的任务分成小块，变成一个小小目标，循序渐进，逐一解决。

2. 不追求完美，有缓急

追求完美是众多拖沓者的一个典型特征。要认识到绝对完美的事情是不存在的，为了美好的初衷而失去更多机会是得不偿失的，要学会尽量分出事情的轻重缓急，对那些并非重点的小事情，不必吹毛求疵。

3. 制订计划，抓落实

对于那些零散的事物，可以按照"急重轻缓"的顺序制订合理的计划，通过抓落实来督促自己今日事今日毕，养成立即动手的习惯。

心理自主训练9-2　告别拖沓的几个小技巧

1. 准备一个记事簿，每天睡觉前记下第二天要做的事情，这样省去了思考和犹豫的过程，会更加有效率。
2. 将你要改变拖沓习惯的想法告诉家人和朋友，让他们督促你改正。
3. 尽量排除无关的干扰，减少引起分心的因素，营造出一个学习或做事的氛围。
4. 立即开始行动，不要把时间浪费在无谓的准备工作上，直接找到最适合自己的方式，坚持做下去。

三、塑造健康人格的途径

健康人格的塑造需要社会、学校、家庭和我们本人共同努力。但是，外因必须通过内因起作用。因此，健康人格的塑造关键还在于我们自己的努力。

(一) 人格优化的方法

人格优化的基本方法是择优汰劣，一是择优，二是汰劣。择优就是选择某些良好的人格品质作为自己努力的目标，如自信、开朗、勇敢、热情、勤奋、坚毅、诚恳、善良、正直等人格特征；汰劣就是针对自己身上存在的不良人格特点进行矫正，如自卑、胆怯、懒惰、冷漠、任性、急躁等人格特征。

(二) 人格优化的基础

人格优化的基础是丰富知识。高尔基说过："人的知识愈广，人的本身也愈臻完善。"荣格的名言："文化的最终成果是人格。"学习知识、增长才干的过程就是人格完善的过程。在实际生活中我们会发现，许多人的人格缺陷是由于知识的贫乏造成的，如狭隘、自卑、固执、粗鲁等，而丰富的知识容易使人自信、理智、礼貌、谦和等。但是，总有人将学习知识和人格培养分开，忽视这条人格优化的途径。培根在《读书论》中谈到："读史使人明智，读诗使人灵秀，数学使人周密，科学使人深刻，伦理使人庄重，逻辑修辞之学使人善辩，凡有所学，皆成性格。"

(三) 人格优化的途径

人格优化的途径：从小事做起。"不积跬步，无以至千里；不积小流，无以成江海。"人格的形成是一个动态变化的过程。一个人的言行往往是其人格的外化，反过来一个人日常言行的积淀成为习惯就是人格。因此，人格的优化要从身边一点一滴的小事做起，不断积累，形成习惯，进而形成人格特点。有一句话说得好："命运是每天生活的积累，小事是影响成败的关键。"

(四) 人格优化的土壤

人格优化的土壤：融入集体。集体是人格塑造的土壤，也是人格表现的舞台。人格发展、塑造的过程，正是人社会化的过程，是人与他人、集体、社会相互作用的过程。人格在集体中形成，在集体中展现。正如马克思指出的：只有在集体中，个人才能获得全面发展其才能的手段。

(五) 优化人格的关键

优化人格的关键：把握好人格塑造的"度"。人格发展和表现的"度"是十分重要的，否则会"物极必反"。有人曾指出："一个人的缺点仿佛是他优点的继续，如果优点的继续超过了应有的限度，表现的不是时候，不是地方，那就会变成缺点。"因此，人格塑造过程中应掌握好"度"，具体说就是坚定而不固执；勇敢而不鲁莽；豪放而不粗鲁；好强而不逞强；活泼而不轻浮；机敏而不多疑；果断而不冒失；稳重而不寡断；谨慎而不胆怯；忠厚而不愚蠢；老练而不世故；忍让而不软弱；自信而不自负；自谦而不自卑；自珍而不自傲；自爱而不自恋。

每个人都有自己的人格特点，优化人格所选择的方式方法也会不同。对我们每个人来说，重要的是立足自己已有的人格基础，确立一个合理、符合实际的人格发展目标，并持之以恒地努力。

第三节 幸福及大学生幸福感的提升

一、幸福的含义

当问及什么是幸福时，莎士比亚会说："一个人眼中的幸福在另一个人看来是多么的痛苦啊！"显然，幸福是一种主观体验，是内心的感觉，这种感觉常常伴有快乐、满足等积极情绪体验，被用于描述人的生命价值和生活状态。不同的人有不同的幸福感。

一般来说，构成幸福的要素有以下三个：一是人的内心感觉；二是个人对幸福的价值认同；三是身体与心灵是否舒适和谐。从心理结构来看，幸福包括对幸福的认知和对幸福的体验。对幸福的认知是指对幸福的基本看法与评价，或称幸福感，它有很大的主观性，不同的人有不同的认知。比如，有的人这么定义幸福：幸福不是宗派神学的禁欲体验，也不是礼教理学的享乐感受，更不是金钱地位的无限欲望，而是信念和向往现实的人格满足。有的人则认为，幸福是合于德性的现实活动，幸福不是一种品质，不是物质的堆积。也有的人主张，幸福是人们对现实生活的主观反映，它既同人们生活的客观条件密切相关，又体现了人们的需求和价值。可见，幸福感是由多种因素共同作用而产生的个体对自身存在与发展状况的一种积极的心理体验。

一般认为，幸福感包括对现实生活的总体满意度，对自己的生命质量的评价，对自己生存状态的全面肯定。

第一，幸福是对自身生活满意程度的综合体现。大学生是否幸福，关键在于他对自己的生活和重要领域(比如学业、人际交往、社团活动、恋爱、就业等)是否满意以及满意的程度如何，即生活满意度。大学生评价幸福的标准主要有以下几类。

(1) 以外在客观的观察者的价值体系和标准进行评价，不考虑自己主观的状态。用此种标准，往往以此人拥有的物质财富或取得成功的程度来界定幸福。如果把成功当作幸福的目的，往往就会增加痛苦和焦虑，使成功者成为成功的牺牲品。这也恰恰证明，为什么名牌大学的尖子生，并不感觉自己很幸福，反而时常体验着一种消极的高焦虑的原因了。

(2) 以自己内在的情绪体验为评价幸福的标准，认为幸福就是积极情感与消极情感的叠加。古希腊哲学家伊壁鸠鲁指出，快乐是幸福生活的开始和目的，幸福是我们天生的最高的善，我们的一切取舍都是从快乐出发。幸福是一种快乐体验。这种单纯强调主观感受的标准，容易诱发不顾他人、只追求个人享乐的自私自利行为的出现。

(3) 以自己界定的标准对其生活质量做出整体性评价。现实生活中，我们多半以此评价自己的生活质量。幸福因人而异，不同的人有不同的幸福，不同的人追求不同的幸福。该观点侧重于幸福的主观标准，反映了幸福的本质。

第二，幸福是对自身存在与发展状况的一种切实的、比较稳定的、积极的心理体验。幸福在很大程度上取决于人在特定条件下体验到的快乐感。一个人是否幸福首先在于其是否拥有心理健康，而心理健康的重要标志之一是能否获得情感上的平衡。因此，一个大学生在特定的时期内，所体验的正向情绪比负向情绪越多，他就越会感到幸福。正向情绪包括轻松、满足、快乐、喜悦等；负向情绪包括痛苦、紧张、焦虑、抑郁等。也就是说，幸福是由对生活的满意、正性情绪的体验和负性情绪的缺乏所构成，对整体生活的满意度越高，体验到的正性情绪越多，负性情绪越少，则幸福感越强。

单纯追求物质的享乐和满足,并不是真正的幸福。幸福是一种有意义的快乐。同时,幸福感的较高表现是价值感,它是在满足感与快乐感同时具备的基础上,增加个人发展的因素。比如目标价值、成长进步等,从而使个人潜能得到发挥。

二、当代大学生幸福感现状

心理测试9-1　幸福感测试

说明:你对生活的情感体验是怎样的?下列每题1~7个等级中哪一项数值最接近你的感受,请在纸上打"√"。以下每道题目的数值代表程度为(以第一题为例):1=朋友非常多;2=朋友比较多;3=朋友有些多;4=朋友不多但也不孤独,一般;5=有些孤独;6=比较孤独;7=非常孤独。

(1) 总体情感指数(权重为1)。

朋友很多	1 2 3 4 5 6 7	孤独的
快乐的	1 2 3 4 5 6 7	痛苦的
无用的	1 2 3 4 5 6 7	有价值的
厌倦的	1 2 3 4 5 6 7	有趣的
充实的	1 2 3 4 5 6 7	空虚的
沮丧的	1 2 3 4 5 6 7	有奖励的
无望的	1 2 3 4 5 6 7	充满希望的
生活对我太好了	1 2 3 4 5 6 7	生活未给予我任何机会

(2) 生活满意度(权重为1)。

你对生活总体的满意或不满意程度如何?哪一种数值最接近您的满意度或不满意度?

十分满意　　　1 2 3 4 5 6 7　十分不满意

计分标准:

计算总分时将总体情感指数量表之平均分与生活满意度的得分(权重为1.1)相加。其范围在2.1(最不幸福)和14.7(最幸福)之间。

当代大学生在幸福感受上存在的问题主要有以下几方面。

(1) 理想信念的缺失,使得大学生的幸福无所依靠。理想、信念是统帅人们灵魂的精神支柱。人只有有了理想才能称之为生活,失去理想信念的生活充其量叫活着,并不是真正意义上的生活。

(2) 人生目标追求物欲化。有些大学生对幸福概念的理解出现了偏差，以为物质生活的丰富就是幸福的。于是，他们片面地追求享乐主义、拜金主义；不愿付出劳动；只求索取，不求奉献；把欲望的满足、利益的获得等同于幸福。有调查显示，30多年前，80%的大学生认为"建立有意义的人生哲学"是重要的或必要的目标。而今天，这个比例下降到41%。赚钱已经成为许多大学生的人生哲学。致使很多学生在盲目追求幸福的过程中，逐渐迷失了生命中最重要的部分，把生存的条件等同于生活，越来越计较物质需求的满足，精神世界越来越空虚，生活的幸福感不但没有提高反而不断下降。因此，大学生会经常遇到这样的情况，当自己梦寐以求的一个个证书拿到手以后，幸福感并没有得到相应的提高。

(3) 大学生压力大，而承受能力弱，导致不幸经常发生。幸福总是与不幸相比而言的，而这种不幸的感受往往与大学生面对的压力分不开。虽然很多大学生独立意识和竞争意识很强，但面临在校期间的学业压力、日后的工作压力以及人际关系等，都缺乏足够的应对能力，这些往往是导致他们感受不幸福的重要原因。

三、大学生提升幸福之道

尽管通往幸福的大道各种各样，如果想获得持续圆满而幸福的人生，大学生对自身的修炼尤为重要。

(一) 知晓幸福方法，用行动表现幸福

如果一个人希望更幸福快乐，那么是否有某种方法变得更积极、更自信和外向呢？一种重要的幸福方法就是学会用行为开拓新的思考方式，即用行为引导我们的情感和思维。社会心理学家津巴多的监狱实验让大学生志愿者随机扮演不同的社会角色，结果表明人类可以非常迅速地适应一种新的角色。

心理学家同样证明，一个人假装微笑可以提升其内部的快乐，即通过行为的改变，从而带来某些人格方面的改变。如果你想在某些重要方面改变自己，想增强自尊心，想变得更快乐、更自信，一个有效的方法就是每天起床后开始做想做的事情，不要担心自己做不了，你可以假装自信、乐观和外向。事实证明，随着新角色扮演，假装会逐渐消失。例如，我们可以学会微笑，或者试着边大步地走路边晃动自己的手臂，同时眼睛向前望，很快我们就能提升自己的情绪，因为心理学发现左右仪态可以左右情绪。总之，如果你想变得快乐、自信，那么你可以先假装快乐、自信，最后一定能变得更快乐、更自信。

(二) 调整认知风格与行为习惯

认知风格即认知方式，是指个体在认知活动中所显示出来的独特而稳定的风格。认知风格与幸福感是相关的。研究表明，认知方式的改变能使一个人变得更幸福或者降低他的沮丧度。如果我们在困难面前都能以积极的心态去思考，不要长时期担忧太多的事情，学会喜欢自己和相信自己，我们就会更容易拥有幸福。

调整认知风格，可以注意以下四方面。

第一，不要把自己卷入一些细小的、烦琐的、无关紧要的争论之中，而应学会如何把注意力放在迈向目标的过程之中和如何进步上，每天用几分钟时间去思考那些与幸福有关的问题和体验上。

第二，使个人处于学习或者社团活动之中，让自己的生活充实起来，无事可做往往容易心生烦恼。在学习和活动中体现自身的价值，获得快乐和兴趣。而这些感受会不断强化我们对自我的认可。

第三，学会并享受休闲。自由是最大的幸福。在学习工作之余常运动、锻炼、娱乐、度假和旅游等，都有利于我们更多地享受生活，提高幸福感。

第四，学会感恩。感恩是个体的一种积极的人格特质或生活取向。研究表明，感恩具有广泛的适应性功能，特别是可独特地预测个人幸福感。西方有句谚语，幸福是有一颗感恩的心，一个健康的身体，一份称心的工作，一位深爱你的人，一位信赖你的朋友。也有人说，感恩可以涤荡世间一切尘埃。感恩是一种生活的大智慧，感恩是一切良好非智力因素的精神底色，感恩让世界这样多彩，感恩让生命如此美丽！由此可见，拥有感恩的心才能感受幸福。

心理知识之窗9-1　感恩的作用

大量研究表明，感恩可减少个体的精神病理学症状，从而增加幸福感。它主要体现在三方面的研究：抑郁、PTSD和创伤后成长。已有研究表明感恩与个体抑郁症状和抑郁特质倾向显著负相关。Kashdan等人(2006)以42名PTSD越战老兵和35名非PTSD越战老兵为样本，考察了感恩在PTSD中的作用，研究表明PTSD老兵的感恩水平显著低于非PTSD老兵，而且PTSD老兵经历感恩有利于日常功能的恢复。就创伤后成长而言，Peterson和Seligman(2003)研究发现，创伤个体9·11事件之后较之前感恩水平显著增强，感恩对袭击后个体功能具有重要的保护作用。Linley和Joseph(2004)等研究表明，感恩是个体创伤后成长的重要因素之一，个体创伤后成长一定程度上依赖于个体发现创伤经历的益处，且个体普遍报告较创伤前幸福感和功能明显提高，这可能是由于感恩对创伤的缓冲保护作用，感恩是个体成长的重要韧性因子。

感恩是个体幸福感重要的影响因素，感恩可有效提升个体的幸福感。因此，在大学期间开展感恩教育可以引导大学生摆脱"缺乏感恩意识"的误区，让大学生学会对自己周围的人，那些帮助过他们、鼓励过他们的人感恩，包括对父母、家庭的感恩，对其他亲人的感恩，对同学、老师和朋友的感恩，对国家与社会的感恩，对大自然的感恩。引导大学生感受关爱的温暖，感受世间的美好，感受生活的快乐和幸福。大学生增加感恩的策略主要有以下两种。

1. 感恩记录

让大学生定期记录多件感恩事件，比如每周记录五件感恩事件或者能产生自豪和愉快情绪的事件。

2. 表达感恩行为

表达感恩行为是指让大学生"感恩拜访"，即写信感恩施惠者，将信寄送或当众读给施惠者。

心理自助训练9-2　"幸福"的10条要点

1. 遵从你内心的热情。比如选择对你有意义并且能让你快乐的课程，不要只是为了轻松地过关而选课，或是别人认为你应该上的课。

2. 多和朋友们在一起。不要被日常工作缠身，亲密的人际关系，最有可能为你带来幸福感。

3. 学会面对失败。成功没有捷径，历史上有成就的人，总是敢于行动，也会经常失败。不要让对失败的恐惧，绊住你尝试新事物的脚步。

4. 接受自己的负面情绪。失望、烦乱、悲伤是人性的一部分。接纳这些，并把它们当成自然之事，允许自己偶尔地失落和伤感。然后问问自己，做些什么来让自己感觉好过一点。

5. 简化生活。更多并不总代表更好，好事多了，也不一定有利。你选了太多的课吗？参加了太多的活动吗？应求精而不在求多。

6. 有规律地锻炼。体育运动是你生活中最重要的事情之一。每周只要锻炼3次，每次只要30分钟，就能大大改善你的身心健康。

7. 睡眠。虽然有时"熬通宵"是不可避免的，但每天保持7～9小时的睡眠是一笔非常棒的投资。这样，在醒着的时候，你会更有效率、更有创造力，也会更开心。

8. 慷慨。现在，你的钱包里可能没有太多钱，你也没有太多时间，但这并不意味着你无法助人。"给予"和"接受"是一件事的两个方面。当我们帮助别人时，我们也在帮助自己；当我们帮助自己时，也是在间接地帮助他人。

9. 勇敢。勇气并不是不恐惧,而是心怀恐惧却依然向前。

10. 表达感激。生活中,不要把你的家人、朋友、健康、教育等一切当成理所当然的,它们都是你回味无穷的礼物。记录他人的点滴恩惠,始终保持感恩之心。每天或至少每周一次,请你把它们记下来。

· 思考题 ·

1. 多角度描述你自己,可以从学业自我、人际自我,也可以从理想自我与现实自我的角度进行描述。

2. 请用20个形容词描述你自己。

3. 结合自己的实际,谈谈你是如何感受幸福的。

参考文献

[1] 郭瞻予. 大学生心理健康教育读本[M]. 沈阳：辽宁大学出版社，2012.

[2] 许燕. 人格——绚丽人生的画卷[M]. 上海：华东师范大学出版社，2021.

[3] 姜宪明. 大学生心理自我保健[M]. 北京：北京出版社，2001.

[4] 黄希庭. 人格心理学[M]. 杭州：浙江教育出版社，2001.

[5] 马建青. 大学生心理卫生[M]. 杭州：浙江大学出版社，2003.

[6] 林崇德. 发展心理学[M]. 北京：人民教育出版社，2002.

[7] 周家华，王金凤. 大学生心理健康教育[M]. 北京：清华大学出版社，2010.

[8] 林崇德，申继亮. 大学生心理健康读本[M]. 北京：教育科学出版社，2005.

[9] 贾晓明. 大学生心理健康[M]. 北京：北京理工大学出版社，2005.

[10] 宋宝萍. 大学生心理健康教育[M]. 西安：西安电子科技大学出版社，2007.

[11] 欧晓霞. 大学生心理健康[M]. 北京：清华大学出版社，2006.

[12] 何彬生，刘波，吴建芳. 大学生心理与健康教育[M]. 北京：人民出版社，2006.

[13] 简鸿飞. 大学生心理健康[M]. 北京：北京理工大学出版社，2009.

[14] 刘丽君. 大学生心理健康教程[M]. 北京：化学工业出版社，2007.

[15] 张大均. 大学生心理健康[M]. 北京：清华大学出版社，2007.

[16] 仲稳山. 大学生心理健康维护[M]. 苏州：苏州大学出版社，2006.

[17] 倪亚红. 大学生心理健康教程[M]. 南京：东南大学出版社，2007.

[18] 孙一平. 大学生心理健康教程[M]. 成都：四川大学出版社，2012.

[19] 李福涛. 大学生心理健康教育[M]. 北京：清华大学出版社，2014.

[20] 刘梅. 大学生心理健康及潜能开发[M]. 长春：吉林大学出版社，2010.

[21] 林崇德. 发展心理学[M]. 北京：人民教育出版社，2010.